命理生活新智慧・叢書　33-2

你的財怎麼賺

《修訂二版》

金星出版社 http://www.venusco555.com
E-mail: venusco997@gmail.com
法 雲 居 士 http://www.fayin777.com
E-mail: fayin777@163.com
fatevenus@yahoo.com.tw

法雲居士⊙著

金星出版

國家圖書館出版品預行編目資料

你的財怎麼賺《修訂二版》／法雲居士著，--臺北市：金星出版：紅螞蟻總經銷，2004年9月修訂一版；2009年10月修訂二版；冊；公分—
（命理生活新智慧叢書33-2）

ISBN: 978-986-6441-09-7（平裝）

1.命書　　2.理財

293.1　　98017874

你的財怎麼賺《修訂二版》

作　　者：法雲居士
發 行 人：袁光明
社　　長：袁靜石
編　　輯：王璟琪
總 經 理：袁玉成
地　　址：台北市南京東路三段201號3樓
電　　話：886-2-25630620，886-2-23626655
傳　　真：886-23652425
郵政劃撥：18912942金星出版社帳戶
總 經 銷：紅螞蟻圖書有限公司
地　　址：台北市內湖區舊宗路二段121巷19號
電　　話：(02)27953656(代表號)
網　　址：http://www.venusco555.com
E-mail：venusco997@gmail.com
法雲居士網址：http://www.fayin777.com
E-mail：fayin777@163.com
fatevenus@yahoo.com.tw

版　　次：2009年10月　修訂二版　2021年12月　加印
登 記 證：行政院新聞局局版北市業字第653號
法律顧問：郭啟疆律師
定　　價：350元

行政院新聞局局版北字業字第 653 號

ISBN : 978-986-6441-09-7（平裝）

序

在我一系列的『賺錢叢書』裡，很多讀者是全部都看過了。有些讀者卻是看過了其中的幾本。所以來找我論命的朋友中，會有一些人是來請教書中問題的人。更多的是自信心還不夠充分，要來問：到底我的財要怎麼賺？才賺得到的人。既然看到這是一個大家共通都有的問題，因此，我再次不厭其煩的把『自己的財要怎麼賺？』的問題再做一番申述。這樣也許就能真正為大家搞清楚、弄明白了！

在所有人生的課題中，如事業、家庭、愛情、六親關係、交友、健康等許多的特定題目裡，我最喜歡談的，就是有關事業方面的課題了。談到事業，就不能不提到『賺錢』。當然事業中除了『利』還有『名』的部分，『功』的部份。但是大多數一般人的『功成名就』，還是以『賺到大錢』為計算人生成功的一個標準。也並不是所有的人，都能具有官貴，有高官貴祿、可以造福百姓的。所以為了順應大多數人的需要，以及現今又是個工商業發達的經濟社會，賺錢已成為人生中品評人智商等級的測量檢驗方法，所以在我已出版的命理書中，與賺錢有關的書籍，就比例較重了。

你的財要怎麼賺

雖然我已經出版了這麼多講財運、談事業的賺錢叢書，也得到廣大讀者的迴響。書中也談到了許多觀念和做法。但是每個人的際遇都不相同，生活環境也不同，思想方式和邏輯也不一樣。人生中起起伏伏的關鍵點，更沒有一定曲線模式。是故每個人在賺取屬於自己的財富，努力上進時，就會碰到各自不一樣的問題。這個問題的不同處，不僅是和家中的父母、兄弟、姐妹的賺錢取財方式不同，就連自己在人生中的每一個階段，都可能出現不同的取財方式。有的人可以數十年如一日的堅守一個工作崗位，只做一個同類型的工作。例如做會計業務的就一生都在金融機構打轉。做木工、金工的人，就永遠做木工、金工。另外有一些人，有一生中會有許多屬性不一樣的工作。例如有些人一生做公務員，退休後去開店做生意，也賺到了錢。有些人一下子從這行又跳到了另一行，行業的工作性質相差很大。這樣跳來跳去了，好像三百六十行，他都要幹過一遍了。如此的人生，如此的賺錢方式，是不是很奇怪呢？

我想這也是不值得奇怪的，如此職業屬性不同的變動率，也正是此人一生中的命程、運程使然吧！也就是說人的命理方程式的複雜性和命盤格式的組成有關。每一個人有專屬於自己的命理方程式，能驅動它、解讀它、演算、制服它的，只有你自己，別人是幫不了忙的。命理師只能告訴你演算、開解的方法，和必須注意的事項和遵循的法則，實際上也無法親自做槍手，幫你做命理方程式的習題。所以，這本『你的財要怎麼賺』，就是有關於每個人所有的命理方程式，教師級專用的解答手冊了。你可以先翻看答案，再逆向尋找解開方程式的方法步驟。也可循著書中的步驟作業，再演算出答案。如何解開這道人生習題，就是你一生中最大的目標和志業了。每個人都會在人生終結、蓋棺論定時，不論輸贏，命理方程式就會自動Game Over（遊戲結束），這就是人生！

這本『你的財要怎麼賺』，不但可以幫助你從混沌的世界裡辨清方向，也可讓你即時檢測自己人生的路走得對不對？在何時何地有了差錯？並且也可使你在志得意滿、歡欣鼓舞之際，遙望、預測前面路途泥濘、坎坷，預先做下記號、伏筆，繞道而行，不致落入人生衰運的陷井之中。同時這本書也會讓你明瞭在人生命理方程式中，你少做了那個步驟，少加了那個規則定律，以致於演算不出來。只要即時更正加入演算方法，便可迎刃而解，也可成為寬廣的人生，增多財富的數目了。願與讀者共勉之！

法雲居士　謹識

◎你的財要怎麼賺

命理生活叢書 33-2

你的財要怎麼賺《二版修訂版》

目錄

前言

當你翻開這本書的第一頁時，我想你的心裡會有兩種想法。第一種就是『哈！居然有這種書名的書，看看你要講些什麼？』第二種就是：『哇！終於找到直接了當告訴我錢要怎麼賺了！趕快看一看！』

這兩種心情的人，當然都首先源自於好奇。前者是有一點經濟基礎，目前沒有金錢煩惱的人。後者是正在為金錢煩惱不休，急欲要脫困的人的心態。

在這個世界上，每個人都有一張藏寶圖，那就是你的紫微命盤。

在命理學中，每個人也都是到這個世界上來求財的。所以每個人一生中在這個世界裡求財能得到的多寡，就完全要靠你自己解析你那張藏寶圖的明確度了。最早解讀清楚，並且最早達到藏寶地點獲得財富的人，就是一生富貴享用不盡的人。終日空茫、懷疑、前後蹉跎、老是搞不清楚狀況，感覺窮了才來求財的人，是很難達到目的地找到寶藏的。

每一個人都是隨著命運的感覺在走你人生的路程。某些人對命運的感覺是深刻的，賦與企盼和希望的，小心翼翼去呵護照顧的，他就看得到自己的財路，並且儘快去完成它。另一些人對命運的感覺是不深刻的，茫然的，雖也有企盼和希望，但這些希望也空洞的，又不懂得如何維護照顧它，只希望別人來幫助他，這種人就很難找對自己的財路了。所以，看不看得見自己的財路，在人生的課題中很重要。能找對了財路也是很重要的事。

有一些來找我論命的朋友，是衝著我會算偏財運，急欲用偏財運來解決他目前財運不濟的困難。我覺得這是一件非常可笑的事情！因為偏財運不是想發就可以發的，也不像向父母伸手要錢一般，要多少就有多少的。偏財運是年、月、日、時這幾個時間因素的切合點的問題。它也會因為個人命理格局組合上的因素而分暴發的大小多寡，這不是人為可以控制的事情，也不是天真的以為像鬼狐故事中運用一些法術，就可以施行五鬼搬運法到某處劫財來濟自己之困的。基本上這些想以偏財運救急的人，多半是本身沒有偏財運，或者暴發格為破格，不發的人。所以我覺得他們可笑。

我常勸他們，不如好好從自己的命格中，找出如何賺錢的道路和方法，這才是根本的要務。不過，有這種天真想法的人，多半是不切實際、自作聰明、奮鬥力差的人，當然聽不進去。我想這也就是為什麼他們沒有暴發運、偏財運格的好運機會的真正原因了。

我在很多本書上提到過，有偏財運格和暴發運格的人，擁有最重要的利器就是奮鬥力和鍥而不捨的持續力，以及對旺運的敏感力。所以真正有暴發運和偏財運的人頭腦就很清楚，方向也很清楚，也絕不會用這種投機取巧的心態來做這種妄想之事了。

通常有偏財運、暴發運的朋友，他來找我談的多半是事業經營上的問題，和運氣起伏的問題，以及時間上運用的問題，很少會問我：會暴發多少錢？能不能解救眼前的困境？因為他們已經嚐過暴發的滋味，已非常深刻的體驗過暴發的美妙，也確實的掌握了暴發的時間了。

暴發運、偏財運雖然會影響到一個人的人生起伏的定率和格局，但我認為所有的人類，更應該好好思考自己的財要怎麼賺？到哪裡去賺？有沒有辦法留存儲蓄的問題。有偏財運的人，比較沒有前二項問題，只是留存的問題是比較煩惱的。因為有『暴起暴落』的現象存在的關係。

所以這本書，基本上是寫給沒有偏財運的人看的，也是寫給要以正財為主要人生架構的人看的，更是寫給有異想天開想法的人看的。會檢討『自己的財要怎麼賺』的人，才真正是會用腦子想事情，也才真正是對自己好，愛自己的人。不然，你將是個只會打高空、不切實際，只會妄想的白癡，永遠在財富邊緣打轉，也永遠沈淪在社會金字塔的底端，毫無希望可言了！

現在我們就開始討論你的財從何而來的幾種狀況。

第一章 你的財要怎麼賺

每個人都很關心自己一生中到底有多少財富，這當然是想給自己做一個定位，由此便可知道自己到底有多大能耐。同樣的，你一定也會關心自己目前走的路，從事的賺錢方法到底是不是走對了路？會不會還有別的路子讓自己能夠賺更多的錢，而是現今目前的自己所不知道的呢？

這個問題其實是非常簡單的，你只要打開自己的紫微命盤，好好研究一下自己的『命、財、官』三個宮位，就可以找到答案了。倘若『命、財、官』裡出現的空宮多，就表示你的命不強，運也不強，在思想觀念裡會出現模糊不清的地帶，連帶的奮鬥力也不行了，這自然是財運不會好的狀況了。一個人的『命、財、官』最多只會出現二個空宮，絕不會『命、財、官』三個宮位全是空宮，並且雖然是空宮，但有相照的星曜可做為配合，所以賺錢方法和方向的定位就很清楚的勾勒出來了，你的財要怎麼賺就很清楚了。

『命、財、官』中有財星、祿星

大家都知道，『命、財、官』中多財星、祿星居旺的人。當然是主財旺的人，財運好，也較不會為錢煩惱，他們天生對金錢有敏感力，人緣好、機會好，理財能也好很多。頭腦精明，工作也極容易找到易生財的職業類別和工作位子，做事儲財是比一般人容易匯聚財富的。

『命、財、官』中三個宮位裡，最優等的狀況就是有武曲財星、天府財庫星以及化祿和祿存同時存在的二財二祿的命理格局了。只要少了一個，財富就減了很多。能形成上述這等好命主富格局的命格，就是武曲單星坐命的人、紫府坐命的人，因為這一類人的『命、財、官』中的財星、祿星都會居旺，整個的命理結構會很紮實的用財星、祿星做一個基本的整體架構，再加上紫微帝座和天相福星的幫襯，優質高等的財富，當然是一個也跑不掉的了。

有些人認為太陰也是財星，只要『命、財、官』中有太陰、化祿和祿存，也該算是優質的主財命格吧！但是你不要忘了，『命、財、官』中有太陰星出現時，基本上一定是『機月同梁』格的人，而且太陰是陰財，主儲蓄的財，它也是按月發放的財，所以是領薪過日子的人的財。縱然是『命、財、官』中的財星不少，有太陰居旺，有化祿和祿存，這種命理格局的人，終究是慢慢賺，慢慢積蓄致富的人。縱然是你也會在財經機構工作，天天接觸財，但是賺取的速度也依然是很慢的，是比不過前者有武曲、天府這些財星的主財能力的。其實這也可以說定『機月同梁』格中溫和的性質所形成的吧！

從每個人的命宮主星和命理格局中的架構、架勢中便可知道你的財要如何去賺了，是速度快的？是速度慢的？是勇猛直衝、攫取型的？還是文質彬彬天降好運型的？還是要努力讀書參加國家檢定考試，或是學以致仕型的？是做生意起家，有暴發運、偏財運來助運的？還是兢兢業業做個小職員，點點滴滴儲蓄致富型的？亦或是什麼都做不成，專靠配偶，父母或子女來供養的？每一種賺錢的方式其實就代表著每一個人的人生形式。你的人生形式是什麼，從命格中就會完全知道了。

命格強弱也會幫助影響你命中的財

另外命格的強弱也會決定你一生中賺錢多寡的問題。命格所指的條件，不僅僅是指命宮主星的強弱問題，或是不是財星的問題，實際上還包括了財帛宮和官祿宮中，主星的旺弱問題。所以『命、財、官』這三個宮位中主星的旺弱問題，全部加起來，才真正是命格強弱的關鑑主因。命宮中出現的主星，是人之個性、智慧、性格成熟度、行為導向的主要因素。**命宮中有財星的人**，天生在數字、價值方面的邏輯性、計算能力較好。**命宮中有官星的人**，天生在管理別人或自我管理方面的邏輯上能力比較好。**命宮中有福星的人**，天生在對自我利益方面的計算能力比較好。**命宮中有運星的人**，例如天機坐命、貪狼坐命的人，天生對運氣變化，生活中遭遇改變時的機運掌握能力比較好。所以命宮中的主星，就呈現出一個人在做事決斷性的變化時，所產生的反應作用了。

財帛宮代表的是人對錢財的敏感力、攫取和處置的能力。嚴格的來說，財帛宮的主星，就表達了一個人對自己生命資源的保護能力。保護好的人，錢財就多，生活富裕，用錢很順暢，又會有餘存。保護不好的人，錢財困窘，花費耗財又多，一世煩惱。

官祿宮代表的是人運用智慧的能力、學習的能力，以及達到人生目的的能力。當然也代表了奮鬥的能力。一個人想要成功的享用錢財，是不能沒有一點智慧的。這些智慧自然是包括了命宮中所有的數字、價值、管理、計算、利益、機運全部綜合起來的邏輯觀。間接而利用這種邏輯觀，形成一種做事方法，而達到完成自己想要得到的人生的利益和目標。這就是命格強弱也會影響你的財能賺多少的情形了。

每一個人都有屬於自己的財

其實每個人的命格不同，一生所遇到的狀況也不同，也不必單單就以一個命格強弱或是命理格局就來蓋棺論定一個人。要是一個人的『命、財、官

你的財要怎麼賺

』不怎麼樣，那又怎麼辦呢？難道就不賺錢，不生活了嗎？當然也不是這樣，我們還會有別的辦法，來找出你的財在那裡。人一定要找到自己的財在那裡，就會對自己的生活有了重新一番的認識，才能增進人生的目標，生活才會有意義。

有的人會緊張的說：萬一找不到我的財，根本不知道要怎麼去賺怎麼辦呢？那是絕對不會發生的。只要你現在還活著好好的，就表示你的生命資源依然還有，並沒有油枯燈滅，所以你的財是一定找得到的，只有生命消失的時候才沒有財了。

『命、財、官』不好的人，如何去發現你的財在那裡？還有更絕妙的秘笈喲！你可以先找找看自己命盤上的『夫、遷、福』中有沒有財星？是不是居旺的？『夫、遷、福』就是夫妻宮、遷移宮、福德宮這三個宮位。它們也是三合鼎立的宮位，會三合照守（彼此相互影響之意）。夫妻宮好的人，表示你自己的個性好，心態是富裕、祥和、有正面思想的。同時也會遇到好配偶，相互幫助，成家立業。夫妻宮有財星的人，配偶會為你帶財來，你的財就是你的配偶幫你造就的。例如**貪狼坐命辰、戌宮的人**，夫妻宮是紫府。配偶就是他的財庫。貪狼坐命的人都有浪費的習慣，不會理財，賺錢再多，只要是光棍，便存不住財。所以貪狼坐命的人一定要早點結婚，讓配偶幫忙理財，才會有錢。因此貪狼坐命辰、戌宮的人，是最好命的人，你的財不光是在『命、財、官』之中了，最主要的還是在夫妻宮、配偶的身上了。

另外像**同巨坐命丑宮的人**，『命、官』二宮都是陷落的星曜，財帛宮又是空宮，可是夫妻宮是太陰居廟，父母宮是武相，子女宮是廉府。財星全

貪狼坐命辰、戌宮的人

(財：午宮；命：戌宮；官：寅宮)

太陽(旺) 巳	破軍(廟) 午	天機(陷) 未	紫微(旺) 天府(得) 申
武曲(廟) 辰			太陰(旺) 酉
天同(平) 卯			貪狼(廟) 戌
七殺(廟) 寅	天梁(旺) 丑	廉貞(平) 天相(廟) 子	巨門(旺) 亥

(官：申宮；命：辰宮；財：子宮)

巨門(旺) 巳	廉貞(平) 天相(廟) 午	天梁(旺) 未	七殺(廟) 申
貪狼(廟) 辰			天同(平) 酉
太陰(陷) 卯			武曲(廟) 戌
紫微(旺) 天府(廟) 寅	天機(陷) 丑	破軍(廟) 子	太陽(陷) 亥

在夫妻宮、父母宮、子女宮之中，因此家庭就是你生命財源的主軸。幼時靠父母養，結婚後靠配偶養，老時靠子女養，也找到了財源。你的財就在家人身上。**同巨坐命未宮的人**，因為夫妻宮的太陰是居陷位的。所以他們只有父母、子女是他的財源所在。

還有**七殺坐命寅、申宮的人**，是『七殺朝斗格』或『七殺仰斗格』的人。你的遷移宮是紫府，福德宮是武曲居廟。你的財就在遷移宮和福德宮之中。你從小環境就很富裕，所以你在周遭環境中就可找到你的財。你要到外面去打拚，只要向外走，你就會像駱駝

同巨坐命丑、未宮的人

	官				
	天機(平) 巳	紫微(廟) 午	未	破軍(得) 申	
	七殺(廟) 辰			酉	財
	太陽(廟) 天梁(廟) 卯			廉貞(平) 天府(廟) 戌	子
父	武曲(得) 天相(廟) 寅	天同(陷) 巨門(陷) 丑	貪狼(旺) 子	太陰(廟) 亥	
		命		夫	

	夫		命		
	太陰(陷) 巳	貪狼(旺) 午	天同(陷) 巨門(陷) 未	武曲(得) 天相(廟) 申	父
子	廉貞(平) 天府(廟) 辰			太陽(平) 天梁(得) 酉	
財	卯			七殺(廟) 戌	
	破軍(得) 寅	丑	紫微(平) 子	天機(平) 亥	
				官	

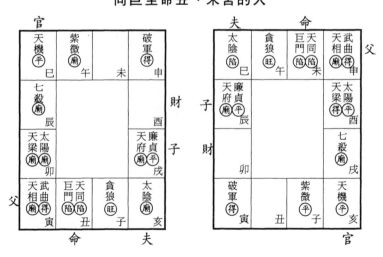

聞到水源般的找到一個大財庫，直搗黃龍，找到、賺到你的財。這也是因為你的福德宮中有居廟的武曲財星之故。天生就具有錢財的敏感力，會聞到錢財的水源。

由前面同巨坐命未宮的人的例子來說，要是『夫、遷、福』中也沒有財星了，就可向『父、子、僕』三宮位去尋找財源。

倘若還不行，就連『命、財、官』、『夫、遷、福』、『父、子、僕』等宮位也都沒有財星了，那就到『兄、疾、田』三宮位去找了，這是最後一招了。就像是**空宮坐命丑宮有同**

七殺坐命寅、申宮的人

	巨門(旺) 巳	廉貞(平) 天相(廟) 午	天梁(旺) 未	七殺(廟) 申	命
財	貪狼(廟) 辰			天同(平) 酉	
	太陰(陷) 卯			武曲(廟) 戌	福
遷	紫微(旺) 天府(廟) 寅	天機(陷) 丑	破軍(廟) 子	太陽(陷) 亥	

	太陽(旺) 巳	破軍(廟) 午	天機(陷) 未	紫微(旺) 天府(得) 申	遷
福	武曲(廟) 辰			太陰(旺) 酉	
	天同(平) 卯			貪狼(廟) 戌	財
命	七殺(廟) 寅	天梁(旺) 丑	廉貞(平) 天相(廟) 子	巨門(旺) 亥	

巨相照的人，兄弟宮是紫微，疾厄宮是武相，田宅宮是廉府，這表示什麼？這表示你家的遺傳因素很好（也不一定最好），你會有祖產給你花用，雖然你什麼都不行，連享受的福氣都不一定完全有，但是好吃懶作，你還是摸得著錢花用。不過呢？若是**坐命未宮，命宮中有文昌、文曲同坐**，又有左輔、右弼相夾命格的人，就和前述命格不一樣了，而是一種貴格，稱為『明珠出海』格，因為此命格的人會具有『陽梁昌祿』格而主貴，官祿宮又有太陰星居廟，這是古代中狀元會被挑中駙馬的命格。這就和坐命丑宮有

空宮坐命丑未宮有同巨相照的人

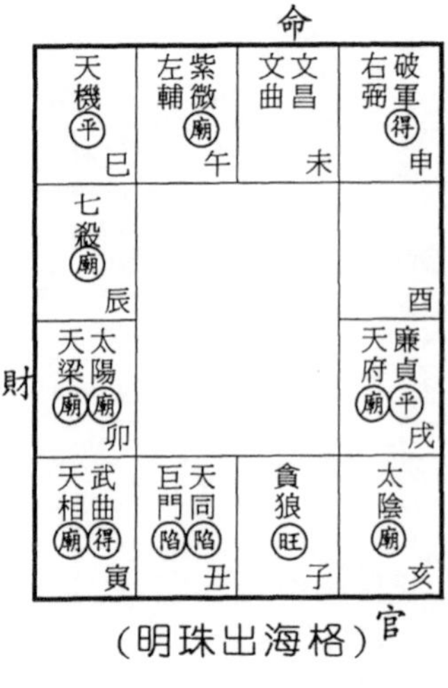

（明珠出海格）

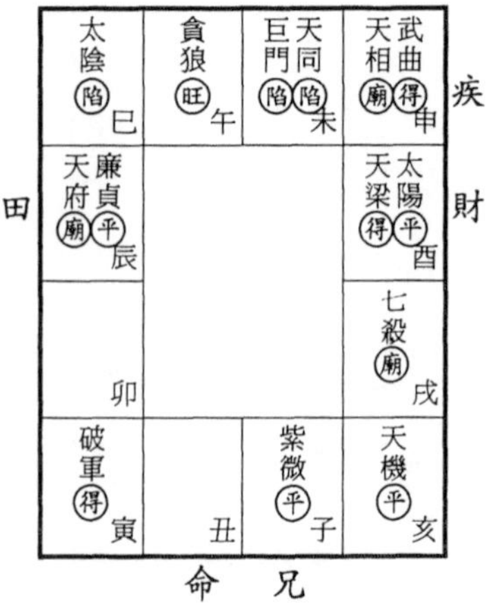

同巨相照，或者是羊、陀、火、鈴、劫空等星坐命未宮有同巨相照的人，是不可相提並論的了，由此可見命格的高低，會和賺錢有直接的關係。

財星、庫星、祿星駐守的宮位就是你的財存在的地方

總而言之，打開命盤來看，命盤上那一個宮位最好，財星、祿星最多又是居旺的，或者是三合宮位的星曜相加起來，財星、祿星居旺的多的，那個三合宮位就是你的財所駐守的地方了。在『命、財、官』出現財星、祿星多的，就是要靠自己打拚，自己要努力工作所賺的財。其他在六親宮（包括父母宮、夫妻宮、兄弟宮、子女宮、僕役宮）所出現財星、祿星多的，就是因人而得財，財富就在這些親人身上。疾厄宮、福德宮有財星、祿星的也算是因家族傳承所得的財。先瞭解自己的財富方位之後，再加以運用注意，就可以很順利的賺到你的財了。至於如何巧妙運用命格中最好最優良的宮位所形成的人生架構而從此賺到錢，也就是後面陸續要為你介紹的十種方法了。

第二章 用命格強弱來賺你的財

前面講過，所謂『命格』並不單單指命宮中的星曜而已。因為『命、財、官』是所有人生命歷程中主要的架構。所以我們統稱『命格』的強弱、好壞，實際上是包括了『命、財、官』三宮位的主星來共同加以評定的。

如何稱『命格強』或『命格弱』呢？

所謂『命格強』有兩種講法：

第一種：是命宮主星是吉星居廟旺的，而『命、財、官』三方皆有權、祿、科來拱照的命格，或是『命、財、官』三宮的星曜皆是吉星居旺位。

第二種：是指『命、財、官』正坐於『殺、破、狼』格局的人，也就是指的是七殺、破軍、貪狼坐命的人。

所謂『命格弱』也有三種講法：

第一種：是命宮主星居平陷之位的。

第二種：是『命、財、官』三方宮位中的主星皆在陷位的。

第三種：命宮主星是福星或溫和之星，如天同、天相、天梁、太陰、天機等星居於平陷之位的。

命格強弱，賺錢方法不同

『命格強』的人有『命格強』的賺錢方法。『命格弱』的人有『命格弱』的賺錢方法。這是大大不相同的。另外像擎羊、陀羅、火星、鈴星、地劫、天空、祿存、文昌、文曲、天魁、天鉞等星坐命的人，會屬於『命格強』，還是『命格弱』呢？

羊、陀、火、鈴、劫、空坐命的人，基本上是煞星坐命的人，感覺上人都很兇悍，很多人會把它歸之於『命格強』的部份。但是羊、陀、火、鈴要分星曜所在宮位的旺弱，才能分出『命格強』或『命格弱』。

『命格強』的意思，主要是命理格局較好，奮發力、成功率較高的意思。而擎羊、陀羅、火星、鈴星這些煞星在居廟、居旺時，性格會強悍，且有正面努力奮發的力量，為害較不深。它們在陷落時是只有對別人有害無益的，也是陰險、狡詐、殘忍、凶暴，製造災害的。所以羊、陀、火、鈴在居廟地、居旺地時，皆可列之為『命格強』的部份。而羊、陀、火、鈴在陷地時，對人無用，凶暴強悍，易製造災禍，即列之於『命格弱』的部份。

此外，我們還可以其『命、財、官』三方相互照守的星曜來探究此人的命格強弱。例如其人的命宮主星雖是凶星陷落，但財、官、遷三宮位的星曜居旺位為吉，就像是擎羊坐命午宮居陷的人，其遷移宮是居廟旺的同陰，財帛宮是居廟旺位的陽巨。這是『馬頭帶箭』格的人，也是命格強，有大作為的人，可威震邊疆，做武職、情報單位可做大官。前法務部長城仲模即是此命格的人。

有羊、陀、火、鈴、七殺、破軍這些星入命宮的人，基本上可做有決斷性、毀滅性，或與血光、死亡有關的工作。例如做法官，制裁者、懲罰者的角色。也可做救難、修補、治傷、結束等工作。例如做災難救難員，車禍現場處理、外科手術醫生、殯儀、喪葬業者。命格高的人、『命、財、官』稍好的人，會做上述工作。羊、陀、火、鈴、破軍在命宮居陷位的人，會做救難搬運屍體、洗屍人、墓地建造、墓碑製作，看守墓地等工作，或是做處理醫療廢棄物，宵小盜竊匪類。

由上而知，『命格強』和『命格弱』。會使人生的道路不一樣。『命格強』的人，若再有『陽梁昌梁』格這等貴格的人，就會有高層次的人生，做醫生、法官等高尚的工作來賺錢，較其次的人，也會有『機月同梁』格在命格之中，有固定的工作，做救難員、處理傷患，意外事物的刑警等等。煞星居陷坐命的人，也要看命格中有沒有什麼貴格，有貴格如『陽梁昌祿』格的人，也會有高學歷、高知識水準，還要看『命、財、官』好不好？財、官二位好的人，才可能有出息，但是仍不長久。財、官二位又居陷的人，只有做最低下、恐怖，別人所不願做的工作來賺錢了。不過雖然這是人人所厭棄的工作，在目前來說，這些喪葬業、墓地業，倒是挺賺錢的行業呢！倘若命宮中沒有羊、陀、火、鈴、殺、破等星的人，要做這等與血光、死亡為伍的行業，你是絕對做不下去，也賺不到這份錢的。

記得有一位天相、擎羊坐命卯宮的朋友來問我，他住在中部，在九二一大地震時，他幫助家鄉救災，當時一片混亂，屍橫遍野，他協助處理屍體善後工作，協調非常有力。事後他想自己這麼會做事，又有人緣，應該可以選個民意代表來做做。於是來問我，是否可行?會不會選得上?

我抬頭看看這位朋友，確實是有削瘦臉頰，下巴尖尖的，樣子還忠厚，確實是天相、擎羊坐命的人沒錯！

天相、擎羊同坐命宮，就是『刑印』的格局。『印』就是掌官符、印信。也就是『做官』了。『刑印』就是『刑剋權印』。既然如此，當然就掌不了印，做不好官了，而且會有官非加身，豈不是大麻煩。

天相、擎羊同宮坐命時，天相、擎羊在卯宮都是陷落的。天相是福星。居陷時，又被煞星刑剋，自是無福，故而操勞一生。也因此他能夠做救難、傷災、處理屍體的工作會做得好，讓死者家屬稱讚，讓官方稱道。實際上地方上的人因災難痛苦而六神無主了，有人肯來協助、幫忙，自然是千恩萬謝，感謝至極。這和要去官場做官是截然不同的兩條路，民意代表也是官，『刑印』命格的人要去做官，一定有是非糾纏，喪失臉面，黯然下台的下場。

雖然這位朋友覺得自己命格中有擎羊，可以『化煞為權』，去賺官餉。擎羊又是凶星，也可以在官場上競爭，但是他不清楚，官場上的競爭和血光、災禍中重建的競爭是絲毫不相同的。也是風馬牛不相及的。他的遷移宮是廉破，代表他所處的環境就是破破爛爛的環境，『命、財、官』中沒有官星，自然不可能有官運，所以我覺得他是過於天真了。命宮中有『刑印』格局的人，做救難、救傷、治傷、血光、外科手術可做得好，但並不表示做政務工作會做得好。所以我建議他在閒暇時多鑽研中醫接骨、治傷的學問，好好做個治跌打損傷的師傅，才是人生該走的路。否則浪費了時間和金錢、精力也是徒勞無功的。

這就是什麼人賺什麼錢的意思了！

命局中有『陽梁昌祿』格會影響人的一生

『命格強』的人之中，命宮有紫微、太陽、天梁等官星時，其命格架構中最好有『陽梁昌祿』格，實際上這些人本命中一定已有『機月同梁』格了，所以兩種格局交叉影響，會形成讀書讀得好，有高學歷、考試容易，走高級公務員，做高官的路子。

縱然是命宮中的官星居平陷的位置，只要有『陽梁昌祿』格仍可有機會讀書致仕，只是升官慢一點，成就無法達到頂點而已。

若是官星居平陷，又沒有『陽梁昌祿』格的人，就只是一般小市民的生活模式，以固定的薪水族為業，為賺錢的方法了，所以『命格強』和『格局』有密切關係。

『命格強』的人之中，命宮有武曲、天府、太陰等財星居廟居旺的人，『命、財、官』三者都要好，再有『陽梁昌祿』格，其人一生的成就就會高。像是郝伯村先生是武曲化祿坐命的人，命格中有『陽梁昌祿』格，武曲不但

郝柏村先生 命盤

<table>
<tr><td>父母宮
太陽 右弼 天馬 陀羅
己巳</td><td>福德宮
破軍 祿存 天姚
庚午</td><td>田宅宮
天機 文昌 文曲化忌 擎羊
辛未</td><td>官祿宮
紫微 天府 天鉞
壬申</td></tr>
<tr><td>命宮
武曲化祿
戊辰</td><td colspan="2" rowspan="2">陰男
木三局</td><td>僕役宮
太陰 左輔
癸酉</td></tr>
<tr><td>兄弟宮
天同
丁卯</td><td>遷移宮
貪狼化權
甲戌</td></tr>
<tr><td>夫妻宮
七殺
丙寅</td><td>子女宮
天梁化科 鈴星
丁丑</td><td>財帛宮
廉貞 天相 火星 天魁
丙子</td><td>疾厄宮
巨門
乙亥</td></tr>
</table>

是財星，又代表政治、軍警業，故能在軍職中做大官，亦能做行政院長之職，文武全才了。又如台北市長馬英九先生是太陰、文曲在亥宮坐命居廟旺之人。也有『陽梁昌祿』格，故能有博士學位，及貴為一市之長了。

『命格強』的人也有溫和命格的人

溫和命格中如太陰、天同、天相、天梁、天機等坐命的人，也有『命格強』的人，只要這些星曜是居廟、居旺位的。最好再有『權、祿、科』在『命、財、官』之中，就肯定算是『命格強』的人了，會有文職主貴的人生。若再有『陽梁昌祿』格，其人生的層次會更高，所賺的錢以文化水準高和名聲響亮為主的錢財，擁有既富且貴的人生。

殺、破、狼坐命的人肯定是強勢命格

貪狼星為好運星。貪狼坐命的人，只要命宮主星居於旺位，允文允武，賺錢以文職、武職、政治皆可。貪狼居平居陷位時，好運比較少，以武職來

馬英九先生 命盤

<table>
<tr><td>遷移宮
天機
辛巳</td><td>疾厄宮
紫微 右弼
壬午</td><td>財帛宮
陀羅 天鉞
癸未</td><td>子女宮
破軍 火星 祿存 左輔
甲申</td></tr>
<tr><td>僕役宮
七殺 天空
庚辰</td><td colspan="2" rowspan="2">陽男
庚寅年
土五局</td><td>夫妻宮
擎羊
乙酉</td></tr>
<tr><td>官祿宮
太陽化祿 天梁 文昌
己卯</td><td>兄弟宮
廉貞 天府 鈴星
丙戌</td></tr>
<tr><td>田宅宮
武曲化權 天相
戊寅</td><td>福德宮
天同化科 巨門 天魁 天刑
己丑</td><td>父母宮
貪狼
戊子</td><td>命宮
太陰化忌 文曲
丁亥</td></tr>
</table>

賺錢較佳，貪狼星也帶有凶悍的味道。倘若做武職，其實是最佳的出入，貪狼居廟位、居旺位坐命的人，可做大將軍之職。大陸的軍區司令遲浩田便是貪狼坐命的人。台灣政界的吳伯雄先生也是貪狼坐命的人。這就是貪狼有強勢運格所產生的主財方式了。

基本上『殺、破、狼』坐命宮的人，全都受『殺、破、狼』格局的主導，成為強勢命格，即所謂『命格強』的人。因為他們在命理結構上就有向外攫取、強悍、積極的特性，欲達目的，拼死強行的霸道作風，這種強制性，會使周遭的人望風披靡，因此勢在必行的成為『命格強』的人。故而他們在賺錢方面也會出現強勢取得的作風。

『命、財、官』不佳的人，就是『命格弱』的人

在『命格弱』的人之中，主要是以福星、財星、官星、蔭星等居陷位的人而論的。福星、蔭星如天同、天相、天梁居陷時，其人的性格溫和，做事沒有衝勁。其財、官二位也一定不是空宮，就是有陷落之星，因此在『命、

財、官』中有瑕疵，賺錢能力也不是很好了，故而稱為『命格弱』。

另外像羊、陀、火、鈴居陷位時，或是地劫、天空坐命宮時，也會影響到財、官二位的主財問題，自然是賺錢不多，也無法找到較高尚的賺錢方法，因此也列入『命格弱』的部份。

通常『命格強』的人都很有主見、性格剛烈，也不斷的有好運湧現，他們是較少有不知道人生方向，或是根本不知道自己該用什麼方法來賺錢的。因為機會早就等在那裡，而且機會、好運導引了他們的人生。只有在運氣起伏處在弱運期的人，才會偶爾出現迷茫無措的現象。但是等好運機會一來，他們又馬上頭腦清晰，戰鬥力十足的看清方向，大步邁進了。所以基本上『命格強』的人，錢路是十分清晰明朗的。

只有『命格弱』的人才終日迷茫，思前想後，進進退退，對自己懷疑，也對別人懷疑，弄不清自己該走那條路才會賺到錢。因此我給『命格弱』的人有下列幾項建議：

第一、你若是天同、天相、天梁、天機、太陰、太陽等星在命宮中坐命的人，性格很溫和的人，你就要先找找自己命格中在四方、三合地帶，有沒有可形成『陽梁昌祿』格的可能。若是有，你便可以用苦讀的方式，參加公家檢定考試，做一個有定薪定職的公務人員，做老師也可以，或是在大機構中做一個有固定職位的薪水族。你的財是要慢慢積存的，急不來的。

倘若沒有『陽梁昌祿』格的人，你也可以在流年是太陽、天梁、文昌、或有化祿、祿存的流年、流月中去參加學習，擁有一份專業的技能，這自然會在你的進財方面是有利的。你的財更要慢慢儲蓄、積存而成，若有妄想會更耗財。

第二、你若是武破、廉破、武殺、廉貪、廉殺等命格的人，你的性格很強，但財運不一定好的人，就要看看『殺、破、狼』格局在財、官二宮中是財帛宮較好，還是官祿宮較好了。像是武破坐命、武殺坐命、廉破坐命的人都是官祿宮較好，你的錢財就寄託在工作上。做軍警職，做危險、辛苦、冒險犯難，或者是與血光、髒亂相抗衡的工作就會賺到錢。

以前我在『如何創造事業運』這本書中提到過，有一個人，以生產蛆維生，從其外表長相就知道其人是廉破坐命的人，賣蛆很賺錢，年入數百萬，就像養蛆賣蛆這種事，也是專業學問，並不是人人可做的，這種錢也只有廉破這種命格的人，不怕髒，不怕臭，因為他的環境中是天相福星陷落，本命廉破就代表大膽、不畏破爛、髒亂、危險，而敢勇猛邁進，所以可賺到這種錢。要是天同、太陰、天機這種命格的人來做這種工作，早就逃之夭夭了，連聽都不想聽。

像立法委員林瑞圖也是廉破坐命的人，他的工作與賺錢方式也很合他的命格。揭發弊案，打擊不法，這也是廉破坐命的命格會做的事、會賺的錢。因為廉破坐命者，財帛宮為紫殺，官祿宮是武貪，表示事業上會有一些勇猛的好運和財運。林瑞圖先生的『命、財、官』中有『祿、權、科』，也有『陽梁昌祿』格，所以會有國會殿堂上工作。而養蛆人，一定沒有這些優美格局，而且還可能有羊、陀、火、鈴在『命、財、官』之中，故工作層次低，只有賺錢而已。

像武殺坐命的人，財帛宮極差，而官祿宮好是紫破，他的財就在工作職位之中。例如像白曉燕案中制服嫌犯的小隊長侯友宜先生，後來升了官，他就是武殺坐命的人，他的財就是在工作上打拚才有的。電視政治節目主持人周玉蔻小姐也是武殺坐命的人，她的財也在工作中會愈來愈旺。他們同樣都是要做非常辛苦，又有些冒險犯難，並且是強敵壓境的工作，才會有出息，賺到錢。

事實上，武破、武殺、廉破、廉殺、廉貪這些命格的人，都是武職崢嶸命格的人，做文職賺的錢就會少，就會更辛苦。

第三、你若是溫和命格的人，有好的福德宮，長相外貌又不錯，命盤中太陰又是居旺的話，你可以用敏感力、察言觀色、洞悉世故的能力來賺錢。例如昌曲坐命丑、未宮的人，很愛享福，長相也不錯，可以做演藝人員，或靠配偶家人來支援供養，你也可找到自己的財路。

第三章　用命理格局來賺你的財

在我們談論命理問題時，常常會用『命理格局』四個字。事實上這四個字並不僅僅是指在某人的命盤格局裡會出現的『陽梁昌祿格』或『機月同梁』格或其他的特殊格局。在一般通俗的用法裡，也常用『命理格局』四個字來代表此人命盤格式的架構，或者更可以說用『命理格局』來攏統的指稱命盤中星曜佈列的狀況。所以『命理格局』是四個字有多重的意義。

首先來談命理格局中會出現的三個主要的格局。

貴格在命理格局中的影響

我們每個人想要瞭解自己天生的財富在那裡？就必需首先來分析自己紫微命盤中的命理格局，看看自己命理格局的主軸是什麼？是『殺、破、狼』格局呢？還是『陽梁昌祿』格，還是『機月同梁』格呢？

『殺、破、狼』格局

『命、財、官』有『殺、破、狼』格局的，你就是命宮中有七殺、破軍、貪狼這些星曜坐命的人。你在人生中非常能衝刺、有幹勁、奮鬥力是特別強勢的能力，再加上運氣的推波助瀾就可成就一番好事業，創造自己的財富了。所以你的命格主軸就是『殺、破、狼』格局。

命理格局中以『陽梁昌祿』格為主軸的人，範圍會比較廣泛了。有『殺、破、狼』格局的人，也可能會同時擁有『陽梁昌祿』格或暴發運格。有『機月同梁』格的人可能也會同時擁有『陽梁昌祿』格。『陽梁昌祿』格是一種使人增進智慧、增加學習能力，具有在文質、腦力激盪、策劃營謀時具備的專業常識和學問，它同時是含有競爭力特性的。它是屬於文質的競爭力，和『殺、破、狼』具有武質、體能、強力攫取式的競爭力不同。所以『陽梁昌祿』格在具有『殺、破、狼』命格主軸的人的命理格局中出現，這些殺、破、狼坐命的人，也會具有高學歷和允文允武的競爭力了。他們會具有官威，在賺錢的型態和工作的體質上就會走文職或高官路線，而不會是純以勞動體力為一種賺錢的方法了。

命格中原是『機月同梁』格的人，例如天機、太陰、天同、天梁坐命的人，或是命宮中有這些星的人，例如機陰、機梁坐命的，命格高的，就會具備了『陽梁昌祿』格了。

『陽梁昌祿』格中有祿星內含富貴，所以同時具有『機月同梁格』和『陽梁昌祿』格的人，會做高級公務員，走官途，這就是命格較高的展現了，例如前總統李登輝先生是天梁化祿坐命的人，其基本命格是『機月同梁』格，但同時具有『陽梁昌祿』格，所以會從農復會主委一直做高級公務員，歷任台北市長、總統等職，這就是最明顯的例子。

倘若命格中只是『機月同梁』格，而沒有『陽梁昌祿』格的人，就一直做小職員，起起伏伏。而『命、財、官、夫、遷、福』中有一、兩個財星、祿星的人，生活會稍為富裕一點。沒有財星、祿星的人就更形困苦，知識水準、生活水準就更形低落了。

左輔、右弼在命理格局中的影響

左輔、右弼都是輔星，無論在命盤上那一個宮位出現，大致算來還不錯，雖然它們在夫妻宮中出現，容易有離婚、再婚的現象，但夫妻仍能互為助力。它們在命宮出現，表示你從小是別人帶大的，和父母較不親，但是只要有左輔、右弼出現，就表示你是個有合作精神的人，因此能吸引同輩的貴人來幫助你。

左輔、右弼在『命、財、官』中出現是最好的了，肯定是有人會幫助你賺錢、進財。這樣的命理格局的人，很適合做保險業拉保險，或是做銀行業、投資公司，就會有很多人把錢存在你的銀行中或投資在你的公司中，讓你賺到錢。其實左輔、右弼在僕役宮也會有這種吸引人來把錢給你賺的現象。

左輔、右弼相夾命宮，是一種主貴的現象。尤其昌曲坐命未宮的人，有左右相夾，有左右手來輔弼，這是『明珠出海』格的人，自然有無盡的福祿。在此命格中既然是左右相夾命宮，左輔、右弼就肯定在父母宮和兄弟宮之中。父母宮就是破軍、右弼，兄弟宮就是紫微、左輔。這表示父母是個非常開明、開通、思想上可以不循常態，可以顛覆傳統想法來幫助你的人。一言以弊之，就是非常護短的人。你的兄弟就是完全傾向你，百分之百死忠於你的人。有這麼好的長輩運和同輩運，當然他們就會幫你賺錢。所以昌曲坐命未宮的人有『陽梁昌祿』格，因考試及第佔上高位之後，就全由長輩的提攜和同輩的鼎力相助，使其富貴同高了。昌曲坐命的人長相都很俊美，尤其具有『明珠出海』格這等貴格的人，是才學並備，是深受上司、長輩喜愛的人。在古代為皇家招為駙馬的最佳人選，在現代也是會有同樣的情形，是因人而貴的命格。古代陳世美的案例就是最好的說明。因此左輔、右弼在某些人的人生中也是最影響賺取財富和升官必備的重要資源了。

左輔、右弼是同輩的貴人星，也代表一種合作的精神。左輔、右弼出現在那一個宮位，就和那一種人際關係具有合作精神。例如在兄弟宮就和兄弟手足具有合作密切的完美關係，相互幫襯，可以取得彼此共同的利益。在夫妻宮，就和配偶有親密的互助關係，但是會有第三者介入的危機。在子女宮，就和子女有相互幫忙的關係。在財帛宮和官祿宮，就在賺錢和工作上，與人有合作精神來增財的關係。在僕役宮，和朋友及或一般不認識的人都有可以合作的關係，因此適合與人合夥來賺錢，並且從事仲介業、保險業、金融事業，須要有大量人際關係來助力的行業，和具有領導地位的人，都最好有這種命理格局才會成功。就像長榮集團的張榮發先生和前行政院長郝伯村先生，僕役宮中都有左輔、右弼。台灣首富蔡萬霖先生則是左輔、右弼同在官祿宮之中。

左輔、右弼在田宅宮，就表示有人會幫你維護你的財庫。這個人是你同輩的手足或朋友。在福德宮，表示你自己就具有合作、協調能力，天生有敏感能力能找到會幫助你的人。在父母宮，表示你從小是父母託給別人帶大的，但是父母仍會幫助你，並且你很有長輩緣，長輩都會來幫助你。左輔、右弼在疾厄宮是閒宮，但疾厄宮是代表遺傳的宮位，它又和父母宮相對照，因此也表示父母對你會有助力。

左輔代表男性的貴人，右弼代表女性的貴人。在人的一生中，助力是非常重要的力量。而且你的財富，賺錢的形式往往是由這些人所形成的，這是你不得不注意的事情。

有一位命宮是火星、左輔、右弼坐命的女性朋友，對宮是日月相照。這位朋友一直在日本讀書和工作，近日回台，想在台灣定居，但大半年了一直找不到理想工作，於是來問我，解決迷津。

這位朋友的喜用神是金水，適合在北方工作生活，當然在日本是比較好的。她告訴我，在日本從學校畢業到工作，一直都有朋友介紹幫忙，十分順利。回台之後找工作，自己喜歡的工作進不去，差強人意的又不想做，因此蹉跎茫然，我勸她回日本去，她說那邊的工作已辭掉了，而且又領了退職金，怎好再回去，而且在台的雙親分了財產給她，要她在台灣照顧他們，所以她只能在台灣找工作了。

這位朋友是左輔、右弼在命宮的人，是從小由別人帶大的人，和父母的關係並不特別親密，況且她的父母宮中有廉貞、鈴星，表示日後的侍親之路會有衝突不順。她也表示從小是由阿姨、外婆帶大，和父母的感情是有距離的，但相信父母還是會對她好的。但是這位朋友的工作我想還是要靠朋友介紹才會有好的機會，並且北方才是這位朋友的吉方、財方。所以我建議她和父母商量，是否帶父母一同去日本居住，況且日本也有他們的親戚，必然是生活較順暢，也能賺到錢了。

羊陀在命理格局中的影響

擎羊、陀羅在人的命理格局中，對人的影響也是非常之大的，而且是負面影響多過了正面影響的。

雖然很多人想利用『擎羊星』來做『化煞為權』的力量。但這多半是非非之想，只有『馬頭帶箭』格的人，和擎羊單星居廟坐命的人，才可利用到這種『化煞化權』的凶悍力量，去絞盡腦汁的去攫取財富和權力。但是此人的對宮（遷移宮）也要好，要有財才行。倘若沒有財，那此人到一個空乏窮困的不毛之地，再凶悍掌權，也得不到什麼財物，那只是惡徒一個了！所以要異想天開的用『擎羊』來『化煞為權』，那是愚蠢的想法。

擎羊出現在人的命宮中，居旺時，其人的臉較長，下巴橢圓形，擎羊居陷時，其人臉形瘦削，下巴尖，屬於尖嘴猴腮型。

陀羅出現在人的命宮中時，其人的頭顱會圓圓的，頭很大，額頭寬。陀羅居旺在人的命宮，又有其他的星同宮，只有上述的特徵，其他的特徵就要看命宮中其他的主星是什麼而定了。例如貪狼、陀羅坐命辰、戌宮的人，其人依然有長圓臉形，只是頭顱圓大，大臉而已。陀羅居陷在人的命宮，則有頭大、臉橫圓方，臉上有一些凹陷的痲子，瘤子，或斑點，長相粗俗、大氣，氣質也不高，例如陽巨、陀羅同坐命宮的人，陀羅就是居陷的，其人的外表就會是個鄉里小民的德行。

我們通常從外表中就可得知其人受擎羊、陀羅的影響。倘若外貌中已顯露中受擎羊星、陀羅星影響深的。實際上你就要想辦法去除擎羊和陀羅對你的影響，才會容易進財，否則錢財就會不順，賺不到錢。

通常，**在人的命宮中有擎羊星的時候，其人的夫妻宮一定有陀羅星。在人的命宮中有陀羅星的時候，其人的福德宮一定有擎羊星**。前者是表示：當你本人外貌、個性、思想受擎羊星影響的時候，你會非常計較、尖銳、好爭、好強，有不顧一切要強取致勝的意念。這時候，在你的內心深處就會有一些扭扯不清，理不清頭緒，不顧現實環境是否許可，自以為是的愚笨想法。所以你在做事的時候，會想得很多，用盡心機，但總考慮不到最重要的關鍵重點上，以致於很勞碌傷神、精神衰弱，而會失敗而賺不到錢。

擎羊像一根針，很尖銳刺人，也像響尾蛇，咬人速度很快，又很陰險。陀羅就是人們常玩的陀螺，會一直旋轉、旋轉，轉不出中心點，也轉不出自己最先設置的格局。所以它在人的心理現象中就表現出頑固的、自閉式的、自以為是的、邪惡式的、自困的，用自己的方法愈往壞處想的模式，於是是非糾纏的狀況也愈嚴重。

當命宮中有陀羅星時，其人的福德宮也一定有擎羊星。這就是其人的腦子有頑固、自閉、自以為是的問題。沒有能解決問題找出轉機的聰明，反而有愈用是非困擾來糾纏自己，儘往壞處想的本領，把自己搞得很傷神，很沒有福氣。這種人也多半是精神衰弱的人。

其實羊、陀二星不管在那宮，都在刺人、咬人、拖拖拉拉，轉不出來，只是製造血光、災禍、耗損、無情。所以我們要儘量減少羊、陀在我們命理格局中的影響力，才能找到我們的財，使我們更富有。

因此我們知道，當羊、陀在命宮、福德宮、夫妻宮出現時，是我們自己給自己製造了絆腳石。只要把心胸放開闊一點，少用腦子想別人的不是，儘量找出命格中有左輔、右弼等助力可幫忙的宮位所代表的貴人，想想法子用溫和、善意的方法讓貴人對你協助，多想一些對自己有實質利益的事情。煩惱的時候，去運動或出去走走，轉換環境，自然可抵制羊陀對你的影響力了，方法很簡單，但一定要做到才有效。

如何抵制羊、陀在財、官二位的影響力

羊陀出現在財帛宮和官祿宮時，當然對錢財和工作上有戕害、有影響，但是這也有方法來抵制、運作的。

擎羊星出現在財帛宮的時候，表示你在賺錢方面必會是在一個競爭激烈，又須用腦過度的工作環境中。所以你就必須看看財帛宮中，是擎羊單星獨坐，還是有其他的星曜同宮，星曜的旺度是如何，才能確定你在賺錢方面遇到的是什麼樣的險惡和煩惱？

有一位紫微、破軍化權坐命的朋友，他的財帛宮是武曲、七殺、擎羊坐

卯宮，錢財一直不順。但是他有『陽梁昌祿』格，三十多歲了仍在某知名學府中唸碩士班研究生。看到別人賺錢，心中不是滋味，心想自己的命格也是強勢命格的人，為何一直賺不到錢呢？

財帛宮有武曲、七殺、擎羊，應該賺什麼錢呢？這種賺錢方式應該從武職，做軍警人員，立戰功，錢財就會順利了。但是他一直做文職，在雜誌社幫忙寫文章，有的會錄用，有的不被用，有一票沒一票的。大多靠父母接濟度日。

財帛宮有武曲、七殺、擎羊星時，是用勞力辛苦、流血、流汗，在險惡爭鬥、有血光危險的環境中賺錢，才會賺得多。所以這也是危險犯難、以生命做賭注的賺錢方式。倘若要找好一點的環境工作，軍警業、救難隊、傷亡救助的行業最適合。但是此人已經從文的方面在努力了。所以我建議他，第一、要不然就以軍事、武器、政治方面著手來寫文章賺錢。第二、要不然就幫別人在競選活動中去爭鬥來賺錢。以他的聰明智慧，在爭鬥的環境中打拚，本命中又有破軍化權，是一定可以成功致勝的。倘若自己要參加競選，進入政治環境中也可以，但是要先找到左右手，幫助理財的問題。因為理財在他來說是個大問題。命宮中有破軍的人，不會理財，耗財又多，而且他的命宮中是破軍化權，是頑固的要破財、耗財，雖然打拚的能力很強，但抵擋不了破耗的問題。

財帛宮有陀羅星

財帛宮有陀羅星時，居旺時，只是對錢財的敏感力稍差，慢一點，需要花時間來計算，來籌劃。偶爾也有設想不周的時候，而造成破耗，但情況不算嚴重。當財帛宮的陀羅居陷時，破耗就很嚴重了，會因為自己笨、自己慢、自己不開竅、專業知識不足，或是有其他怪異的想法和做法，使自己虧損、賺不到錢，還倒賠損失。

陀羅星只有在寅、申、巳、亥四個宮位是居陷位的，倘若是遇到紫府、武相、太陰居廟一起在財帛宮，因為賺錢多，綜合一下計算，是可以彌補陀羅同宮所帶來的破耗的。但若陀羅居陷又和溫和的星或陷落的星同宮在財帛宮，那破耗就很大了。愚笨、拖延所造成的影響也很大了。是真的賺不到錢，也會因愚笨不懂得處理錢財而虧損破耗，很傷腦筋了。

有陀羅在財帛宮的人，就會有擎羊在夫妻宮，表示這個人在心態中帶有奸詐的思想、自作聰明、自以為對自己好，但是卻搬了石頭砸了自己的腳。為人很會計較，但計較到讓人討厭，因此錢也不給他賺了。所以任何人賺不到錢，都是因為自己性格的關係所致的，怪不了別人。要改善，只有從改善自己的品行和行為開始，也就是要改善自己的思想方式，多從別人的角度想一想，想想別人為什麼要把錢給你賺？絕對不是因為你的聰明，而是因為你的能力，以及你會幫助別人賺錢、省錢。你會為別人的利益著想，所以才會心甘情願的給你賺錢的機會。因此，自作聰明的人要覺悟了！助人才能得到自助，只要想通這一點，你就可以減少陀羅在你財帛宮中影響你賺錢的問題了。

官祿宮有擎羊星

有擎羊星在官祿宮時，居旺時壞的影響也會較小一點，但是有擎羊在官祿宮中，都是會有惡性爭鬥的工作環境。居陷時，工作環境爭鬥更激烈。倘若你選對了職業，命格又是強悍的命格，擎羊星又在廟旺之位，你就可以打勝仗，贏了這場人生的戰爭，賺到你由辛苦得來的錢財。倘若你命格不夠強悍，是溫和命格的人，又選了文職的行業，擎羊星又在陷位，那麼是一生辛苦勞碌，本命的財也會少很多了。因為『命、財、官』三合照守，表示你工作能力不好，以致於傷財損命。

擎羊星在遷移宮

擎羊星以在遷移宮最好，雖然外界的環境十分險惡，但是會影響其人的奮發力，和鬥智的能力。現今政治檯面上就有許多人是具有此命格的，例如蔣宋美齡女士、李登輝先生、大陸領導人江澤民生生，以及許水德先生。你在觀看他們在政治上的活動時，就觀察出擎羊星對他們的影響了。

陀羅星在官祿宮

有陀羅星在官祿宮時，只以武職為佳。倘若陀羅和紫府同宮在官祿宮時，因紫府、天府是吉星的關係，又帶財，陀羅所產生的愚笨、耗財、拖延，招災，都會被紫微、天府的祥和化吉的力量和財力所撫平，所以不好的影響力是小的。

當陀羅單星在官祿宮時，官祿宮也代表人的智慧之宮，表示其人在智慧能力上出現頑固、自閉、拖延、是非、扭曲、混亂不清，耗財的現象，當然奮鬥力是蠻幹型的，有這種狀況的人在軍隊中以制式的、規律性的生活型態來工作，又有固定的收入，當然是以武職為最佳的賺錢方式了。

況且，**官祿宮有陀羅星的時候，其人的遷移宮中一定有擎羊星**，代表環境中多險惡。所以官祿宮中一定要有吉星來壓制住陀羅，其人才會有成就。能壓制住陀羅的星曜只有紫微星，因此官祿宮中有紫府、紫殺和陀羅同宮，其人的成就不會受到影響。而**陀羅單星在官祿宮出現的，其人遷移宮中也是擎羊單星出現的**，就會做與戰爭、政治、血光、死亡、醫院、醫療、法院相關連的工作，他所賺的錢也就是這方面的錢，工作型態比較辛勞、艱險、困難度較高了。只要命宮主星強勢一點，不畏辛勞，也可賺到大錢。你的財就在羊、陀之中了。

古代書上常說，有羊陀入命的人為技藝之人，也就是有專業技術。其實有羊陀入命宮或遷移宮的人，也都有此現象。不論是紫微、擎羊。貪狼、擎羊。貪狼、陀羅。武曲、擎羊或武曲、陀羅坐命的人，都會從事有專門技術的行業。

在我論命的過程裡，碰到很多貪狼、擎羊，或貪狼、陀羅坐命的朋友，是從事鞋類製造，在鞋廠工作的人，而且已是管理階級的人了。目前製鞋廠多半已遷往大陸，因為這是需要密集人力的工業。有些人會兩岸奔波，某些不想離開台灣的人，便容易失業了。這是在辰年很容易碰到的事。某些紫微、擎羊坐命的人，會開鐵工廠或製作金屬器具的工廠，武曲、擎羊坐命的人，會在公家機關做會計、金融方面的業務。武曲、陀羅坐命的人，會在軍警業中工作。這些現象都是我常碰到的人和事。所以有羊陀入命的人，他本身就很注意自己財源上的來源問題和出路，因此有專業的技能，是他們勢在必行的觀念和主導其一生運程的架構了。

羊陀在命、福，會有思慮過多，精神耗弱的毛病

命宮和福德宮中有羊、陀的人，都會時常感到胸口悶，常疑神疑鬼的以為自己是否生了心臟病或怪病。很多有這方面問題的朋友來問我，希望能知道原因。

其實原因很簡單：你是用腦過度，憂慮過度所引起的。越想越煩惱，胸口愈悶，感覺愈不順，運氣也不順，周而復始的循環。

解決的方法也很簡單，只要有這種愛想、愛煩惱的現象時，就馬上警告自己，立即停止再想下去，因為有時候想也是沒有結果的。陷入這種困境時，很難急中生智，只有先跳脫這個時空，用另外的時間再來想。立刻出去走走，

先做別的事，把頭腦先騰空出來，或是到外面去跑步，跑一圈，呼吸一下新鮮空氣，讓胸中的鬱悶暫且舒散一下。要知道憂慮也會使人運氣更不好的，只會使人更陷入困境，頭腦更不聰明，也就更想不出好辦法解決了。

我常建議心中常鬱悶的朋友用『運動』來化解，但是在此處要再聲明一個觀念，我一向認為運動是自然的事情，跑跑步，走走路，都可做運動。也可以活動四肢來運動，是不用花大錢就可以做的事。但是有一些朋友聽我勸他運動後，又跑來告訴我，他已買了某家健身房的優待券，決定以後要運動了。這讓我覺得實在有點小題大作，這種觀念不太正確。

在我的書中曾提到：人的血液三個月會新陳代謝一循環，而人的運氣也是以三個月循環一次。所以我說人不必去求別人代為改運。實際上運氣它自己就會循環運行改變了。一個人在某個時期運氣不佳，到下個月，最晚三個月就會運行到好運了。這也是為什麼算命改運者，或替人改名字的人，會告訴你，改運後三個月有效的原因。每個人的運氣和時間、大自然、四季、月份有關，也和大自然中的空氣潮溼度、溫暖寒溫有關，這在八字學上有明顯的交待。所以說『人』是大自然的產物，和大自然是合為一體的，因此我是不贊成到健身房中去做運動的。

試想想，人在運動中身體會放出熱能，會和大自然的空氣做相互的調和，吸收、施放。陽光也會幫助你身體中的養份轉化為能量，促進血液的循環。在健身房的冷氣空調的環境中運動，身體放出的熱量，會被冷氣壓制，這就不合於自然的法則了，運動的結果是絕對不會高過在呼吸自然空氣下運動的效果的。再之，為了想要運動使自己的氣運好而先耗財，更不算是明智之舉了。

昌、曲在命理格局中的影響

文昌、文曲兩顆星是文星，又是司科甲、名聲之星。同時它們也是貴人星、時系星，主宰的貴人運很短暫，故稱做『臨時貴人』。

文昌星做貴人星，行貴人運，是非常有用的星。不論旺弱，只要在命盤中和天梁、太陽、祿星（化祿和祿存）形成四方、三合的角度都可形成『陽梁昌祿』格，對人大大有用了。甚至於它會出現在遷移宮，或者是『陽梁昌祿』形成一個三合（三角形）宮位，而文昌星只要在『陽、梁、祿』中任何一顆星的對宮，也可以出現折射的『陽梁昌祿』格。

有了『陽梁昌祿』格，人的一生也會大大的改變，生活型態、人生的層次都會增高，這當然也會影響到人在賺錢進財方面的容易度和財富整個的數值了。

文曲星的用處就比文昌差了許多，它也沒有辦法形成類似『陽梁昌祿』格這麼大的格局。並且文曲星一定要居旺才會有用。居平、居陷位或是有化忌相隨，情況就變得很差了。而且文曲星非常脆弱，絕不能與凶星同位，一定要和吉星同宮再居旺才會有效用。文曲居旺時，有一種熱鬧滾滾、多才藝的跡象。它在財帛宮居旺時，就會使錢財熱鬧滾滾，自然進財就多了。倘若文曲在財帛宮居陷位，反而會出現耗財的現象，是為不吉。

文昌星本身也並不主財，居旺時主聰明、精於計算，數學能力好。在『

陽梁昌祿』格中，它是因為有智慧，善於學習，找到賺錢的方法，再由祿星而得財。文昌居平、居陷時，學習能力和智慧都不好，數學能力也不好，所以錢財賺得就少了。但是居平陷時，若在『陽梁昌祿』格中，財星的力量還是很大的，依然可借助其力來得財。所以同樣是『陽梁昌祿』格，其實主財的力量，財富的多寡大小，還是有分別高下的。『陽梁昌祿』中的四顆星，全在旺位的，祿星也居旺，自然財多，賺錢較容易。若有三顆星在陷位，賺錢的功力就很低了，但還是會有因考試、讀書而有賺錢的機會罷了。

文昌、文曲為時系星，是臨時貴人，因為這兩個星曜十分溫和，十分怕煞星來相剋，不論此二星的旺弱，只要逢到煞星來剋，就會敗下陣來，減少賺錢的機運了。但是它們在文化氣質，和口才才藝方面的特質在居旺時，還仍然會存在的。

文昌、文曲不論在旺位或弱位，最怕就是碰到貪狼和破軍兩顆星，而文昌、文曲和貪狼同宮時，貪狼特質中的圓滑，和昌曲特質中的圓滑就加重了。因為貪狼有迅速貪快、好大喜功，喜歡表面浮華、輕率、桃花強的特質。文昌、文曲是時系星，也有速度快，愛美、輕浮、桃花強的特質，當貪狼和文昌或文曲同宮時，其人就會多虛偽、不實在，作事顛倒，言語吹噓，只求自己的利益，而掩蓋自己的缺點。如此一來，賺錢的工作做不實在，又如何能賺到較多的錢財呢？

文昌、文曲不論旺弱，只要和破軍同宮，就會貧困，賺不到錢。文昌和破軍同宮時，是外表長相氣派、端正，但只會做表面好看的事情，花錢耗財很凶，所想的事情是清高有餘，卻沒辦法進財，全是不合時宜的事。文曲和破軍同宮時，因為兩顆星都屬水，有流動、油滑虛浮的特性，是口才好，愛表現，但不重實際，也是不合時宜，故而破財多，沒辦法進財，鐵定窮困的。

文昌五行屬金，文曲屬水，破軍屬水，是故文昌和破軍同宮，亦或是文曲和破軍同宮，皆有水厄。流年、流月、流日、流時運行到此，要小心勿到水邊，以防有難。這是十分靈驗的。

擎羊、陀羅對賺取金錢問題上之惡，是精神上過度疲勞和煩憂，用勞碌身體，消耗體能，是可以平息敉平的。但是破軍、文昌或破軍、文曲對賺取金錢問題上之惡，是自恃英才，不合潮流，是思想上、觀念上之問題，是無法用任何方法來消彌的，只有預先做好儲蓄的工作，行運到此流年、流月時，保守行事，減少消費，謹慎過日子才能平安度過窮困的日子。

火、鈴在命理格局中的影響

火星、鈴星在每個人的命理格局之中要成為有用的影響力，只有兩個條件，其他都是無用而有害的影響力。

『火貪格』、『鈴貪格』是第一個影響力

火星、鈴星對於命理格局中最有力的影響力，就是和貪狼同度形成『火貪格』、『鈴貪格』的暴發運格或稱『偏財運格』的時候了，火星和貪狼同宮，或在對宮相照的情形稱做『同度』，在同一角度上的意思。同樣的鈴星和貪狼同宮，或是在對宮彼此相照，就是『鈴貪格』，也具有偏財運和暴發

運。

居於財帛宮爲第二種影響力

火星、鈴星對於命理格局中次級好的影響力，就是存在於財帛宮之中。這會讓賺錢的速度變快，但相對的，也會使耗財的速度也加快。也就是說賺得快也花得快。倘若火星或鈴星在單星獨坐財帛宮時，還會有一些偏財運，這就要看火星、鈴星是居於旺位或弱位了。火星、鈴星居於寅、午、戌宮是居廟位的，倘若你的財帛宮剛好在寅、午、戌宮，在命盤格式中又是空宮，只有火星或鈴星進入時，你就常會有意外之財，來的巧，又來得多。倘若你的財帛宮中有火、鈴獨坐，但居於申、子、辰宮時，意外之財就不多，也會有，但都是些小錢，而且會有時發，有時不發，錢財上也時常會有困難的情形，但是有錢和沒錢的情形都很短暫，起伏的波動很迅速，都是些小波浪而已。有一位同巨坐命丑宮的朋友，財帛宮是火星獨坐酉宮，火星在酉宮是居得地剛合格之位，所以這位朋友平常沒做什麼正事，簽簽大家樂，打打零工，日子也可以過得去。

火星、鈴星在財帛宮中雖然有偏財運，但也同時帶有耗財的成份，因此不算是最好的財運格式。並且有這種財帛宮的人，都是心急想賺錢，但又不耐勞動，且喜歡投機取巧的人，所以投機不著蝕把米的情形屢見，這就是為什麼會耗財的原因了。

火星、鈴星都是時系星，因此有不穩定、速度快的因素。『火貪格』、『鈴貪格』中的貪狼星也是個速度快的好運星，代表時間交叉點上的一個好運機會，於是有速度感的火星或鈴星碰到快速運動的好運星貪狼星，就產生了一個暴發性的好運機會了。這是時間交叉點的問題，就像宇宙間彗星相撞產生能量一般，是一個自然的現象。只要你的命理格局中有這種火星或鈴星可以和貪狼在相同的角度上相遇，你就會擁有這種暴發的能量。同時這也可能改變你的一生。這必須暴發力量大才會改變你的人生。你會在那個暴發的流年、流月、流日中得到大錢財，不但改變了你的生活型態，也會改變你的事業型態，這就是『火貪格』、『鈴貪格』的力量了。

火星、鈴星不和貪狼相遇，也不在財帛宮時，它通常對人只有害處，沒有好處的。因為火星、鈴星基本上還是煞星，煞星對於賺錢當然不利，而且會製造耗財，使錢財流失、損耗，而且速度很快，這是非常讓人頭痛的事。

祿、權、科、忌、劫空在命理格局中的影響

化權、化祿、化科、化忌、地劫、天空在人的命理格局中的影響，在於鑄造人的基本命格時，格局層次的分類。也就是說化祿、化權、化科、化忌、劫空等星會在你的命格中有加分和減分的作用。

倘若祿、權、科出現在『命、財、官』的三合宮位之中，當然就會對於你的本命、財運和事業有直接的幫助。倘若在『命、財、官』出現的是化忌、劫空等星，這對於你的本命、財運和事業、奮鬥力、智慧，也就有著直接耗弱、牽制、阻礙的殺傷力了。

有些人也會有化祿、化權、化科等有助力的吉星和化忌、地劫、天空共

同存在於『命、財、官』之中的。這就要看它們存在的形式是怎麼樣的了。是權忌同宮？祿忌同宮？還是化權和地劫或天空同宮或相照，每一種形式都有對命理格局產生不同的意義。此外，祿、權、科、忌、劫空在『夫、遷、福』中也會影響人的財格，享受獲得的財運問題，也同樣是有加分、減分作用的。

另外，命格中的化權、化祿、化科、化忌、地劫、天空，也會造成對人的大運和流年運程的影響。這個部份在後面章節中會談到。

權、祿、科、忌、劫空在命理格局中對『命、財、官』的影響

權、祿、科出現在『命、財、官』之中最好的格式，就是命宮有化權星、財帛宮有化祿星、官祿宮有化科星了。因為命宮中有化權星，其人就會有堅強的意志力、威嚴、穩重的儀表、個性。以及善於掌握人性和支配別人的控制、主導能力。財帛宮有化祿星時，在賺錢方面就會圓滑、善解人意、會製造機會來賺錢，也會有水到渠成的進財方法。並且對錢財有敏感力，看得到

財路，也就賺得到錢財，更能瞭解儲蓄財富，將財入庫的方法。官祿宮有化科星時，為人聰明伶俐，通曉做人處事的方法，在做事時很有條理，能將事務條理化、邏輯化、簡單化。自然工作效率高、升官也會較容易。這是得上級、長官欣賞、肯定的原因。

命宮中有化權星時，以紫微居廟化權、太陽居廟、居旺化權，武曲居廟化權、貪狼居廟化權為最有力、最強勢。但是紫破坐命的人，在命宮有紫微化權時，其財帛宮會有武曲化忌和七殺星同宮，官祿宮是祿存和廉貪同宮，這樣的『命、財、官』中，命宮中的紫微化權也只有使其人儘量舒適，但個性上依然保有頑固、堅定、霸道的色彩，自以為是、固執己見，卻愈發的使財運不順利而已了。因此在工作中所能得的財也只是剛夠糊口的財。

命宮中有化權星次等層級強勢的是破軍居廟化權和巨門居廟化權。其實破軍居廟化權和巨門化權也是非常強勢的，但是若要依照其本身運氣的好壞來看，破軍居廟化權和巨門居廟化權，帶有毀壞、是非爭鬥的強力主力，它所產生的破壞力較強，所以列為次級強勢的層級。

至於天梁居廟化權、天機居廟化權、天同居廟化權、太陰居廟化權四種化權星在命宮時，這是『機月同梁』格的四顆星，都屬溫和的星，化權跟在溫和之星時，力道就不算很強了。這四顆星中也只有太陰居廟化權在命宮的人，是強力主導錢財的人，而且主導的是一種儲蓄、陰藏之財。有太陰居廟、居旺化權在命宮的人，必然房地產多、存款多，也會在銀行、金融機構上班。

命宮有化祿星

倘若命宮出現化祿星、財帛宮出現化權星、官祿宮出現化科星時。命宮中有化祿星，表示錢財的敏感力較強，一生中較重視錢財的問題，喜歡賺錢與賺錢相關的事務。命宮中有化祿星的人，只有武曲居廟化祿的人，也就是武曲化祿坐命辰、戌宮的人，或武曲化祿、天府坐命的人，或武曲化祿、貪狼坐命的人，是第一等有錢的人。也是最會賺錢的人。再其次是貪狼居廟化祿坐命的人，再其次是太陰居廟、居旺化祿坐命的人。再其次是天同居廟化祿坐命的人，和太陽居廟化祿坐命的人。依次是巨門居廟化祿坐命的人，天梁居廟化祿坐命的人，接下來是天機化祿坐命的人，廉貞居廟化祿坐命的人，最後是破軍居廟化祿坐命的人。每一種命宮主星會因本身的性質不同，再跟隨化祿時，也會顯現出財祿的多和寡了。

命宮有武曲居廟化祿時，其人一生的命格架構主體，就是以財運為主的命理架構了。倘若武曲居平化祿在命宮的人，命宮中必然會有另一顆七殺星或破軍星。這是『因財被劫』的格式，其命格主體就不能算是以財運為主的架構，而要看其他的財星或庫星在什麼宮位而定命理架構了。命宮中有貪狼居廟化祿時，其人一生的命格架構主體，是以好運機會而得財的架構。同樣的，命宮中有貪狼居陷化祿時，必與居陷的廉貞同宮，好運機會極低，所得的財也極少，也就無法將之歸歸類於好運機會得財的命理架構，而要以整體命格中的『機月同梁』格來做命理架構了。

其他如天機化祿、天同化祿、太陰化祿、太陽化祿、天梁化祿，不論主星的旺或弱，全都屬於以『機月同梁』格為整體命理架構的人。而且財富的等級也是從『機月同梁』格為基礎，再漸漸豐裕的形態。

命宮中有廉貞居廟化祿時，主要代表的是桃花強、人緣好，是一種感情上、愛情上的享受，也代表一種在計謀上應用順利的利益。真正在財利方面並不多。所以廉貞居廟化祿時，所得到的財雖不是最強的，也能有一般小康階級的財運了。但是廉貞居陷化祿在命宮的人，必然有居陷的貪狼星在命宮，這種命格的人就是享受桃花運、邪淫比較重的人，財運就很少了。

命宮中有巨門化祿時，代表其人有能圓滑游走在是非、變化競爭之中的能力。巨門居廟化祿時，這種能力特強。巨門居陷化祿時，這種能力弱，但仍有圓滑處理是非口舌的能力。並且命宮中有巨門化祿時，多以口才見稱，會以口才來賺錢，這種財可大可小。巨門居旺時，賺的財較多，巨門居陷化祿時，賺得財較少。這種完全以口才賺錢得財為命格主體的人，實際上也是屬於以『機月同梁』格為命格主體的人。

命宮中有破軍化祿時，代表其人有雙重性格，一方面會強力的去重組或破壞、去除一些事務，並建立新秩序。另一方面又圓滑的想讓周遭的反對勢力不要太大，使別人很順服於他。所以這種人的命格主體基本上是建立在必須先破財才能賺到錢。賺錢和破財幾乎是一體的事。這樣的命格在先天上就有瑕疵，當然得財就不會多了。而且很可能是常透支的狀況了。

命宮中有化科星

命宮中化科星時，都代表其人有文化氣質、做事有條理、有邏輯性。也代表其人不會賺粗俗的錢財。命中有化科星的人，在整理錢財上比較有能力，但在賺取錢財上並不一定是強勢有力的，除非財帛宮有財星居旺，再跟隨化祿或化權，才可能會有好的財運。命格主體也才可能會有以財為主體。一般命宮中有化科星的人，仍是以『機月同梁』格為命格主體的多。

命宮中有化科星，會理財，也較會賺錢的人有：武曲居廟化科坐命的人、文昌居廟化科坐命的人，太陰居廟化科坐命的人。其他命宮有化科星的人或財星居陷化科、文昌居陷化科、太陰居陷化科的人，和財的淵源較遠了，還是以『機月同梁』格為命格主體了。

財帛宮有化權星、化祿星、化科星

財帛宮有化權星時，其人會對錢財有主導、掌控的權力。一般以財帛宮有武曲居廟化權為最強勢的賺錢、掌控錢財的權力。凡人有武曲居廟化權在財帛宮時，手邊運用的錢財數目都很鉅大，所管理掌握的錢財金額也很鉅大，這是一個適合做大生意，或掌管大機構、財團財務的命格，也適合掌管國家性和政治性的財務工作。當財帛宮有太陰居旺化權時，這個人命格中的財格會比有武曲居廟化權在財帛宮的人略小。因為太陰是陰財、儲存的財、暗藏的財。有太陰居旺化權在財帛宮時，其人適合在銀行、金融機構中工作掌財政。也適合做一家之主來掌財政。同時太陰居旺化權也表示對女性有管束、掌權的能力。此外，有太陰居旺化權在財帛宮的人，在買賣與女性有關的物品，或和女性、陰性以及柔美事物上有主導權和控制權。雖然太陰居旺化權的財氣、財路不如武曲居廟、居旺化權來得高和大。但是這種從陰柔又化為強勢的力量，像源源不斷的泉水般湧入，也會成為一種強勢的力量。

在財帛宮有貪狼化權的人，是以能主導好運、控制好運的發生，間接而得財的人。有這等命格的人，就是七殺坐命者又生於己年的人。七殺坐命的人都喜歡工作，有好運就有工作機會，能掌握好運，財富也就不遠了。

在財帛宮有太陽居旺化權的人，和有紫微化權的人，基本上命格的主體架構都是『機月同梁』格的人，太陽和紫微本身不是財星，也不主財，只主運氣的旺盛和祥和。太陽和紫微又是官星，以在官祿宮為最好。所以在財帛宮中只能算是因運氣好，事業旺而得財，或使財運平順。

在財帛宮中有天機居廟化權，是因能掌控運氣和環境的變化而得財。

在財帛宮中有天同居旺化權時，是因能掌握享福的企機而得財。這是一種天生享福的能力，是一種在自然中產生的能控制祥和、溫順的主導力量。天同星的本性是柔軟、沒有奮發進取的能力的，但是有化權之後，就會形成一種凝聚穩重、尊嚴、強制、奮發的力量，但仍不失其溫和、祥順的本性。所以在財帛宮有天同居旺化權時，是別人願意給他賺錢，使他得財。這種財當然不會像暴發運一樣那麼多，只會是平順中略好的形式罷了。所以他們賺的錢多半是薪水族、教書、做研究工作等固定上、下班、有規律的工作。

凡是財帛宮有天機、天同、天梁等星有化權、化祿、化科跟隨時，都是財富格局屬於『機月同梁』格的特有形式，必需有固定的工作，以薪水得財，以儲蓄漸積的方式而慢慢富裕的。

財帛宮有化祿星時，其人一生手邊的財運都會較順利，很少會為金錢煩惱。財帛宮以有武曲居廟、居旺化祿為最富裕、最有錢。其次是貪狼居旺化祿、太陰居旺化祿。財帛宮是主財的宮位，當然以財星正坐為主富的格局。貪狼是好運星，有好運、機會便有旺財。太陰是陰財星，進財緩慢，要慢慢的才看得到。貪狼化祿進的財是速度很快的財，立即可見。是快又多的財，而且還帶有偏財運促成的財（武貪格、火貪格、鈴貪格等暴發格會帶來偏財運），所以一般人是比較喜歡貪狼化祿在財帛宮的。

另外像太陽化祿是主貴的財，財不多，主要是建立於『陽梁昌祿』格之上，故有太陽化祿在財帛宮時，命格主體也是『機月同梁』格的架構，所賺的錢也是薪水階級的財了。

財帛宮有廉貞化祿、巨門化祿、破軍化祿時，基本上這些星都帶有一些特殊含意的凶悍、刑剋的意味。這些祿星在財帛宮中，會都是因為在是非、爭鬥中強力得財而辛苦，自然這種得財方式是不平順的，不是得財太少，就是有傷剋、損耗，當然結果就不如理想了。像廉貞化祿，就是因營謀、暗中計劃而得的財，必須用腦過多，想出很多計劃，能實現的並不多，所以它的得財數目決不會比財星化祿時高的。巨門化祿是靠口才、靠是非爭鬥的變化來得財的，這中間一定會有一些不順利的事情，故無法得到超級大財。破軍化祿是靠打拼、投資或除舊佈新來重新去攫取，創造財富的。這其中有破壞、重組的成份，當然會先損失掉一些財，再得財，所以也不算圓滿。故而這三種財也不會是最多的得財方法了。並且，倘若這些財帛宮的主星在居陷時，再有化祿跟隨，那只是虛有其表的祿星，根本沒有實質財的利益出現了。例如廉破同宮在財帛宮時，若再有廉貞化祿或破軍化祿，也只是破耗得多，財利微乎其微。實際只有表面上稍微有光亮的影子，讓人覺得此人為什麼依然有錢花？卻沒有看到私底下已虧空很大，只是借債渡日的危機了。

財帛宮有化科星時，對錢財的增多沒有特殊意義。只不過賺錢和用錢的方法比較講究文質的格調。這種文質格調的傾向會隨主星的特性而顯現。

例如財帛宮是武曲居廟、居旺化科時，表示其人對金錢很有敏感力，對於錢財整理、投資上很有邏輯，在賺錢用錢上很有一套。武曲化科主要是靠武曲財星來得財，化科只是助星，助其做事有條理而已。當然武曲化科在財帛宮的力量就會遠不及武曲化權或武曲化祿的。武曲是財星，以跟隨化祿為最合適，且最有力了。

紫微化科在財帛宮時，只會使錢財順利、豐足、會理財，做有氣質有文化、高人一等的賺錢工作。這種賺錢能力和收入是名聲好聽、好看祥和的。

文昌化科在財帛宮，居旺時，其人對金錢很計較、計算能力很好，很會理財，賺錢的方式是以文職、文化、知識、讀書為主。算是好的財運。但其命格財格的主體是『機月同梁』格，也只是一般薪水族的財格。文昌居平、居陷化科時，精明、計算的能力就很差了。最多會在有一點文化的場所工作，所賺的錢財也就不算多了。

天機化科在財帛宮時，若居旺，其人會在富有文化氣質的場所賺錢，所賺之錢也是具有變化、奔波、活躍、用聰明機智所賺得到的錢。例如很多廣告公司做設計工作的人，就會在財帛宮中有這種天機居旺化科的命格。這也是『機月同梁』格的財格。

右弼化科在財帛宮時，它和左輔化科一樣，是由同輩貴人的幫助，由左右手的輔助，再藉由有高貴文化氣息的方式所展現的一種得財、用財的方式。我們可在很多大老闆、成功者的命盤中發現到他們之所以會賺到錢，成為頂級的富翁，其實在命理格局中都有這種先天優勢的財帛宮。所以想當銀行家的人，想要做財務投顧公司的人，想要做保險業、房地產買賣、貿易業、仲介業、業務銷售工作的人，有右弼化科和左輔化科在財帛宮時，你就可輕鬆的、優美的、悠遊自在的賺錢了。因為有貴人在幫助你。這個貴人是平輩的朋友。右弼化科，代表女性有氣質、有能力的朋友。左輔化科代表男性有氣質、有能力的朋友。

倘若你的財帛宮有吉星、財星又居旺，再加上右弼化科或左輔化科，你在財富上，可運用的財，就會源源湧進，永無枯竭之日，總財富至少會增加百分之十。倘若吉星、財星居陷，再加右弼化科、左輔化科在財帛宮，你的財富雖然不算多。但有良好的朋友貴人來幫助你，錢財也會平順。

倘若你的財帛宮是廉貞加右弼化科或左輔化科。廉貞居廟時，表示有貴人一起幫助你做鬥爭的計劃，幫助你用最高明的手法來賺錢。廉貞落陷時，貴人的幫助有限，而且可能助惡，只會做賺錢不多，又虛有其表、陽奉陰違的方式在耗財。

倘若你的財帛宮是巨門加右弼化科或左輔化科時，巨門居旺時，這些貴人會幫助你在口舌是非爭鬥中用高氣質、好手段，較佳、較犀利的言辭去得財、賺錢。你的財就是在是非爭鬥中所得的。若巨門居陷又遇右左科星時，表示你在賺錢得財的爭鬥中，佔不了便宜，財運也不好，但仍有貴人相助，可以稍為順利過活，但助力不大。

倘若你的財帛宮是破軍加左輔化科或右弼化科時，破軍居旺，表示有貴人用有氣質、有文化水準的方法，在幫助你打拼賺錢，同時也在幫助你破耗花費。它會使你賺錢的手法上有氣質、有文化，但增財並不多，甚至是看不出來的。倘若破軍居陷時，必是和居陷的廉貞同宮，再加左輔化科或右弼化科時，你的破耗依舊，賺錢很辛苦，這些有氣質的貴人只是在一旁協助，讓你不致於垮下去。偶而也會讓你賺一點錢，但極少。

倘若你的財帛宮是貪狼加右弼化科或左輔化科時，貪狼居旺，表示你周遭有氣質的平輩貴人是用增加你的旺運和機會來使你得財。倘若貪狼居陷，必是廉貪同宮，再有右弼化科或左輔化科同宮時，表示財運很差，但有貴人在旁協助，使你跌落谷底的財運略有所升，但所賺到的錢財很少，剛夠糊口。

倘若你的財帛宮是天機和右弼化科或左輔化科時，天機居旺，表示你會有能幹、精明的貴人利用在變化、機運中幫助你賺取錢財。也會使你工作能力更強，做事更有條理。倘若天機居陷時，表示你的財運很差，愈變愈差，但有氣質好、能力稍強的貴人來相助，但助力仍是有限的，財運改善的幅度不大，略微好一點點。

有文曲化科在財帛宮時，文曲若居旺，表不你有熱鬧滾滾，兼用口才、才藝、又用很有氣質與文化水準的方式去賺錢得財。文曲是時系星的貴人運。因此文曲居旺化科在財帛宮時，你必須把握快速出現的、熱鬧的機會去賺錢，才能得財。若錯過機會不一定得的了財了。若文曲居陷在財帛宮時，這種臨時的、熱鬧得財、又風光、有氣質的得財機會就很少了。你只能傻呆呆的看人得財了。

有太陰化科在財帛宮時，太陰居旺，你是用平靜、溫和、有氣質、有條理的方法在得財，當然進財緩慢、儲財也是緩慢的，但是在用錢的方法上，是講究文化氣質多一點的方式。所以太陰化科對進財、得財沒有太大的助大，只是表面好看罷了。若太陰居陷化科在財帛宮時，表示只講求做事方法的好看與文質的氣質。但財運很差，能安貧樂道罷了。

官祿宮中有權、祿、科

前面說過，官祿宮中以有化科星最好，可以有羅輯性、條理性來做事，頭腦聰明、能力很強。這是以命宮有化權星、財帛宮有祿星、化祿時的說法。

倘若命、財二位沒有化星，或是只有一顆化星存在時，就以官祿宮中有化權星為最好的命理格式了。其次才是有化祿星，再其是化科星了。

官祿宮代表的是人的智慧、能力、奮鬥力、創造力。讀書讀得好，學習能力強，做事有成就，全看官祿宮。所以官祿宮中有化權星就是最好的格式了。但是也要看化權是跟隨在那顆主星之後，跟隨在『機、月、同、梁』的四顆主題，其力道仍是不夠特別強盛的，所賺的錢是『機月同梁』格的財，是薪水階級的財，而且是平順、安祥，打拚能力不足的財，所得的財也不會太多，所以官祿宮有化權星，最好是跟隨在強勢星曜之後，例如官星、運星、財星等之後。

紫微、太陽是官星。官祿宮有紫微化權或太陽居廟、居旺化權時，就代表其人的事業運很暢旺。不但能掌握官途中的升官機會，且一帆風順，順利得多。

有紫微化權在官祿宮時，表示在事業中，工作上有坐上高位的競爭力，和主導力。紫微在帝座，故其人的職務、地位就是在眾人之上，獨霸一方而掌權的地位。在公司機構中可做負責人、總裁、總經理等高階管理階級。在官途、政治人物中也可顯露頭角力爭上游，不過呢？有紫微化權在官祿宮的人，在其命宮中都會有武曲化忌，『命、財、宮』中有權忌相逢，多少會影響到其人的事業和得財。所以縱然是官祿宮有紫微化權的人，只不過在事業上會堅守其愛掌權的特性，在真正得財上，因本命有忌星剋制財星，但是會有金錢煩惱的人了。但他們會做公職、享官俸。

在太陽化權在官祿宮時，其人的命宮中都會有巨門化祿。倘若『命、財、官』之中再有文曲化科，而這些太陽、巨門、文曲全在旺位的話，就是『權、祿、科』同在『命、財、官』中，就具有極高的貴格，一生的財富和事業也會高高在上，位居一品了。這是辛年所生的命宮中有巨門居旺的人有這種好運。同時他也會具有『陽梁昌祿』格，勢必會有官途，參加國家考試登上人生高峰。所以太陽官星又加權星在此等命格中主宰了他人生富貴的路途。

有武曲化權居廟或居旺在官祿宮時，其人的命宮中一定有一顆廉貞星。例如廉相坐命的人，其官祿呂是武曲居廟化權，而廉貞居廟坐命的人，其官祿宮是武曲化權、天府。而廉破坐命的人，官祿宮是武曲化權、貪狼，有武曲化權在官祿宮中時，其人必然對政治權力和賺錢的業務是不遺餘力的全心投入的。就像陳水扁總統的命格就是廉相坐命子宮的人，其官祿宮就是武曲化權，所以在政治角力上是得天獨厚的。在賺錢能力上也是會管制大錢，能掌控大錢財的。

有貪狼化權在官祿宮時，居旺，能掌握好運、機會，且有不斷的好運湧現。並且貪狼居旺化權有凶悍的特質，適合從事軍警職，在沙場立功。貪狼亦帶有偏財的特性。許多有貪狼居旺化權在官祿宮（事業宮）的人，也會從事股票操作的工作，締造自己的財富。有貪狼化權在官祿宮的人，其命宮中都會有一顆破軍星，也會有武曲化祿在『夫、遷、福』或命、財等宮出現，這是己年生的人。還是在『命、財、官』三方以權星、祿星皆在旺位為命格最高的命理現象。倘若有一方的祿星、權星所跟隨的主星居平或落陷了，就會使命格層次下降了。

有破軍化權在官祿宮時，破軍居旺，就能掌握在事業上的打拚奮鬥的能力。因為破軍化權有消耗、主戰、作戰的意義。所以有破軍化權在官祿宮時，雖然打拚、消耗財力也很大。再加上破軍是凶悍的煞星，有血光的破耗，以消耗在疆場最為光榮。因此官祿宮有破軍化權的人，以軍警職為最佳職業。

會有破軍化權在官祿宮的人，其命宮都有一顆七殺星，其人在本命中就有堅強的意志，是有破耗而再所不惜的人。故不畏破耗，堅決打拚，所以會成功。但是在財路、財運上並不一定會有幫助，是一種辛勞、苦做的命理格局。

有天機、天同、天梁、太陰四顆星加化權時，就是『機月同梁』格的形態中而帶有權星的命理格式。這其中只有太陰居旺化權在官祿宮是帶有較多一點對錢財掌控的力量。財會多一點，但仍在『機月同梁』格，薪水階級的層次之中。而且官祿宮中有太陰化權的人，其人的命宮中多半是空宮，如此一來，對財的敏感性和主控能力會大打折扣，得財的層次也不會太高了，只是平順而已，尚且可掌握一些平順、容易輕鬆能得到的小財罷了。

其他如有天機化權在官祿宮的人，其人的命宮中會有天同星。有天同化權在官祿宮的人，其命宮中會有天機星，有天梁化權在官祿宮的人，其人的命宮中會有太陰星。有太陰化權在官祿宮的人，其人的命宮中會有太陽、天機、天同、空宮等現象，因此可以看得出來這些人的命格主體，全在『機月同梁』格。而屬於『機月同梁』格的貪狼化權等來相比擬的，它們比較文弱、奮鬥力也稍差，生財的能力也就不足了。

有巨門化權在官祿宮的人，不是空宮坐命，就是有天機陷落坐命或有太陽星在命宮中，這些命格的人，其命格主體也是『機月同梁』格的人，所以財格也以『機月同梁』格為基礎，不過巨門居旺化權在官祿宮的人，在競爭上和鬥爭力上佔有優勢，且能以口才控制是非爭鬥，這種能力就能比同是『機月同梁』格的人，強很多，成就也會高出很多來。

官祿宮有祿星時，當然以財星加祿星，武曲化祿為第一等賺錢得財的好運道了。其次是貪狼居旺化祿，因為好運而得財在事業運上，也是無限讓人嚮往的。第三種太陰居旺化祿，這是規規矩矩的上班，小心翼翼的存錢，管理財物，而發展了好的事業運。此財格永遠是歸類顯於『機月同梁』格的類型財格之中。

官祿宮中有廉貞化祿、太陽化祿、巨門化祿、天梁化祿、破軍化祿時，各有意義，但帶財的成份少，不能說沒有，想主富就並不容易了。只能說略有一點少少的對錢財的敏感力罷了。

有廉貞化祿居旺在官祿宮的人，會有計畫、計謀去努力做事而得財，也會用搜藏古董、紀念品、郵票等特殊癖好來賺錢。

有太陽化祿、天梁化祿在官祿宮時，兩者都是『陽梁昌祿』格的主角，所以會用讀書，參加考試、貴人運，以主貴的方式做高級公務員、走官途來賺錢得財。

有巨門化祿在官祿宮中，會用是非爭鬥和口才來得財。有破軍化祿在官祿宮中會用在爭鬥中的打拚能力，做別人不想做、不願意做的工作而得財。並且有時也會先破耗投資再得財。

官祿宮中有化科星

官祿宮中有化科星時，表示做事有條理，會把事務處理得很好，合情合理。但這不是最強的事業運和工作能力。

官祿宮中有化科星的人，只能說其人會把事情做得漂亮。以及其人會從事有文化氣質的工作而已。

當命格中命、財二宮都沒有化權、化祿時，你的官祿宮中有一顆化科星也算是好的。倘若命、財二宮都有化權和化祿星了，再在官祿宮中有化科星，就是美上加美的格局。

但是倘若『命、財』二宮都沒有化權、化祿時，還是在官祿宮有化權和化祿是高過有化科星存在的實質利益的。

官祿宮中有武曲居旺化科時，對事業上的增財利益沒有顯著的增加，只會增加文質、文化的氣質，表示會以有文化內涵的工作來賺大錢。

此外官祿宮中有紫微化科、文曲化科、天機化科、右弼化科、天梁化科、天同化科、文曲化科、左輔化科、太陰化科都是在『機月同梁』格下的增進工作性質的文化水準，和工作效率，在增財上沒有特殊意義。

由前述的分析中可知道，化權和化祿是比較強有力的會增進人的財富。化科星只是溫和、力道不強的星，在增財上並無太大意義，所以化權和化祿在人的『命、財、官』之中都是對人的命中財格有大大加分的作用。這也是人的本命中對財的主導能力所致。

但是在人的命格中，不僅僅是只有對財的主導能力就能完全掌握財的財格。還有『夫、遷、福』等外來的助力或阻力會來影響人一生財富格局的大小的。也會影響到你賺不賺得到錢？

夫妻宮所代表的意義中不但顯示了你的配偶的一切資訊。同時也表示你內在深層思想中的感受、敏感度，內心的渴望、情緒的走向，自我情緒控制、情緒智商、愛恨交集的一切資訊。

通常一個內心窮困的人，是看不到財路的。內心一定要夠富有，多才藝，敏感性，才能用心感受到，打開心窗，看得到財。例如夫妻宮有武曲財星居旺，天府庫星，太陰財星居旺的人，都是有好的財運的人，他們對錢財敏感，就能看到很多財了。

有化權星在夫妻宮的人，他看到的是權力。有化祿星在夫妻宮的人，他看到的就是財。有化科星在夫妻宮的人，他看到的是外表的好看、體面、祥和。有化忌星在夫妻宮的人，他看到的就只是口舌是非的糾葛和災難、煩惱。有劫空在夫妻宮的人，他看到的是萬事成空，化為泡影。

還移宮代表的是你周遭的環境。從你一出生時呱呱落地的家庭中的環境，一直到生長的環境、讀書的環境、做事的環境、外出遊玩的環境、做事的環境、出國的環境中、老年的環境，甚至是到你生命結束以至於下葬的環境，全都包括在裡面了。凡是你一切一切的環境都是在還移宮中表現出來了。

還移宮中有主貴的星，如紫微星，太陽居旺，你就會有高貴、祥和、光明燦爛、快樂的環境。有主財、主富的星，如武曲居廟、天府、太陰居旺，你就會有富裕，財多的環境。當然環境富裕，你就生活上較富裕舒適，物質生活富足。將來在事業上的起跑點就會高。要想創業，找資金也是輕而易舉的事。在賺錢得財方面，因為環境富裕，賺得比較多，而且容易，辛苦的程度也會減低。

一般來說，遷移宮中有化權星時，表示你生存環境中的權力地位較高，這也會影響你朝向爭取權力地位的方向邁進。你喜歡掌權環境中的控制權。你更習慣於應用手法來主導控制周圍的人、事、物。這是對人的本身性格上有影響的。

遷移宮中有化祿星時，表示你生存的環境中有財祿。化祿星是溫和的智慧之星。所以你會有豐富的敏感力來賺取錢財，也會圓滑、有智慧的與人和諧相處，以取到財。有化祿星在遷移宮的人，周圍環境中到處都有財祿，所以其人心態平和，根本不怕會沒財、賺不到錢。

遷移宮中有化科星時，表示你生存的環境中是整齊的、高格調的、有文化水準的。外表是溫和、美麗的。這當然也會影響到你本人的性格，也會自重、講究文化氣質和高格調了。

所以有化權星在遷移宮的人，他們處處接近權力，看到的就是權力和地位。有化祿星在遷移宮的人，他們處處接近財，看到的也是財。有化科星在遷移宮的人，他們處處接近有文化水準，高格調生活的人，所以他們講究的也是這種文化水準和高格調的生活了。有化忌星在遷移宮的人，處處生活在是非、紛亂之中，也會影響到其人的性格思想的混亂、糾纏，當然不順了。有劫空在遷移宮的人，外面的世界常變化莫測，好事成空，自然其人也會有放棄、放空、脫離環境的思想了。

福德宮代表的是先天上你命格中可承受的利益。福德宮是綜合了其他十一宮的優點與缺點，得到與失去，加減乘除之後，所得到的結果。同時福德宮也代表精神上、意志力呈現的狀況。

福德宮中有化權星的時候，代表其人意志力堅定，在精神上注重掌握某方面特殊的權勢和主控力量。由於強力的關心，當然也會在這種特殊的權勢和主控力量中得到最佳的好處與利益。

例如**福德宮有武曲居廟化權**的時候，表示其人對金錢、政治特別有敏感力，而且對金錢或政治有堅定的意志力。在精神狀態中，他就注重掌握錢、金融、經濟方面或政治方面的特殊主控力和權勢。由於強力關心，日日關心的結果，此人自然也會得到掌控政治上的權勢和得財的利益。

福德宮有貪狼居廟、居旺化權時，其人會對突發的好運特別有敏感力，而且有堅定的意志去尋找好運機會。他的精神狀態全用在此處。福德宮有貪狼化權時，並表示其人的內心狀態是貪赧的，老是嫌不足，嫌好運不夠多，是故就拚命去尋找好運機會，久而久之，他在尋找好運機會的經驗中就很豐富了，所以他能隨時掌握好運機會的降臨。

福德宮有紫微化權時，其人會對政治性、管理別人、高人一等的地位來掌權的事物感興趣、有敏感力。他們也會對擺平事物糾紛，使其平順的事情感興趣，所以他用在這方面的經歷較多，久而久之，其人自然就呈現一種能使萬事自然祥和、平順的影響力、主控力了。

福德宮中有太陽化權的時候，其人對男性和陽剛的事物、博愛的事物、做官管理別人的事物感興趣。而且有堅定的意志去達成主控和領導這些人、事、物。因此福德宮有太陽化權時，會對男性有領導力、主控力、說服力，男性會肯聽他的話，受其領導。同時他在處理陽剛的事物、博愛的事物時，也能使人心服口服。太陽是官星，化權是權星，是故太陽化權在福德宮，其人有堅定的意志會走官途和管理別人，因為他心中的導向便是向此方向去思考、努力的。

福德宮有巨門居旺化權時，表示其人喜歡在是非爭鬥、糾紛中用口舌去主導、控制別人。而且他有堅定的意志力，不厭其煩的訓練自己從口才去戰勝別人。久而久之，他就具有這類的經驗和主導的力量了，所以有巨門化權在福德宮的人，吵架會贏，做群眾造勢活動，更是天賦異稟一般。究其原因，就是從內心深處對爭鬥、口舌感興趣，再經長期實驗、訓練所得的結果。

福德宮有破軍化權的人，其人喜歡在戰鬥、打拚中，先佔有強制別人的地位，先破壞，打破傳統，再由自己來建造新秩序，來控制別人，主導別人。他的意志力非常堅定，因此在多次經驗中學得了以破壞、消耗的方式來主導別人、控制別人。

天機化權、天同化權、天梁化權、太陰化權，都是屬於『機月同梁』格中的溫和星曜帶權星。當然它所主導的控制力量和掌權的堅定力量是溫和、不夠強勢的，意志力也是短暫有效的，後繼無力。

福德宮中有天機居旺化權，表示其人非常聰明、機巧，而且也善於運用周遭的時空變化來控制別人、主導別人，他對『變』有堅強的意志力。而且有能主導周圍的人、事、物愈變愈好的能力，並且用這種能力來使自己得利。

福德宮有天同化權時，表示其人很世故，且精通自然的法則，他把堅定的意志，放在致力於將周遭人、事、物在自然而然中順應於他自己的能力上。久而久之，他就具有了這種使周圍的人事物聽令於他，在祥和中主導人、事、物的力量。

福德宮有天梁化權時，表示其人異常頑固，他會用堅定的意志力，去尋找貴人的贊助。也會把人、事、物的關係二分法，一派就是對自己有利的，心態是偏向自己的，有這種傾向的人、事、物，他就盡力保護它，而護短。一派就是不和自己站在同一戰線的，他就會排除它、消滅它。所以有天梁化權在福德宮的人，居旺時，會強力去照顧自己認定的自己人，也會強力去要求別人做自己的貴人。天梁居陷化權時，只有自我的頑固，而無法控制別人來附和自己站在同一陣線了。

福德宮有太陰化權時，表示其人將堅定的意志力用在儲蓄、存錢，使田宅財庫增多，也會用在內心的感情、愛情方面。太陰化權是一種平和的，暗中使力、溫柔、女性層面的運用權力，所以它沒有陽剛凶悍的氣質。福德宮有太陰化權居旺時，對於長期性、緩慢增長財的財運有掌控能力。這是一種源遠流長、汩汩不斷的財。同時此人也會用陰柔、類似女性的敏感力來領導、主控別人。他會在陰性的環境和團體中具有向心力，能主控，說服其他的陰性。

福德宮有化祿星時，表示其人的精神狀態是帶點歡愉、圓潤、圓滑、愛享福、享受的色彩，而且他希望周遭的一切人、事、物都是對他有利的。由於精神狀態的觀點如此，於是在他內在的意志力方面就是專注於財的獲得、對自己有利的獲得、人緣關係的獲得、享受的獲得。

例如福德宮有武曲化祿的人，就將意志力放於財力的獲得上。有貪狼化祿的人，就把意志力放在好運的獲得和人緣桃花的快速建立之上。有廉貞化祿的人就把意志力放在勾心鬥角中有利於自己的條件上或是癖好上。有天梁化祿的人，就把意志力放在尋找貴人或是尋找對自己有利的支持者及能對自己護短的人、事、物。有破軍化祿的人，就是把意志力放在自己在做破壞、重建工作時仍能讓自己佔到便宜和利益的人、事、物上。

福德宮有化科星時，表示其人會把堅定的意志力放在使自己溫和、有氣質、思緒有條理、有邏輯性的觀點之上。因為其人的精神狀態就是要展現自己的文質彬彬、有知識、有氣質、聰敏的領悟力和辦事能力。在他們內心想望中權力和財並不是第一位想要的東西，有文化修養和氣質才是他最注重的重點所在。

因此福德宮中有武曲化科的人，表示他在錢財的賺取和運用方面，他是講究格調的，也是備理財能力的。有紫微化科的人，表示他在儀表和內在氣質上是自命高貴，有文化修養，凡事都以平順祥和、體面為主的。有文昌化科的人，他也是講究文化修養、精明的計算能力和辦事能力的人。有天機化科的人，他是把意志力、聰明度用在使萬事在變化中，能用文化修養來主宰其變化的人。有右弼化科的人，表示他在自己的周遭講究用文質的方式去尋找輔助力量，而這個輔助力量的重點在於女性的平輩貴人。有天梁化科時，表示其人講究的是貴人運，用文化修養和文質的內涵去找也同樣具有這些有相同特質的、有利於自己的人。並且這些人也會在他讀書、考試方面大大給予助力。有天同化科的人，表示其人是享福方面，人情世故方面講求格調的人。他會用溫和、寬容、懶散、不計較、有文化修養的方式來致力於享福的事情和擺平周遭的人、事、物。有文曲化科時，表示其人講究的是才藝和口才方面的文化修養。有左輔化科時，表示他在自己的周遭會用文質、有水準的方式去尋找輔助力量，而這個輔助力量的重點是男性的平輩貴人。有太陰化科時，表示其人講究的是溫和、有氣質內在感情的表達，以及儲蓄、慢慢存錢的、有條理的理財方式。

化權、化祿、化科這三個化星在人的命盤中之『命、財、官』、『夫、還、福』中不論是塑造人的性格、性向、意志力、環境、感情的取向方面，都深深影響著一個人的命運走向，而這些影響力多半是好的，有正面意義的，加分的。只有主星的性質不同，主星的旺弱不同，化權、化祿、化科的力量會有強弱等級之分。對於人的財格方面也會有多有少，而形成命格有好有壞之分。

化忌和劫空在命、財、官、夫、遷、福中對財的影響

化忌是忌星，主是非、不順、消耗、固執、偏執、急躁。有化忌在命、財、官、夫、遷、福之中，就可知道其人一生中的重大問題是出自於那一方面？並且會知道此問題是何種特質的問題。

例如在命宮中有太陽化忌，就表示其人對於和男性的相處上會有是非不順。而且固執的、偏執問題的性質是事業上、走官運、升職上面的問題。還有領導力、主控力方面的問題（因為太陽是官星、事業之星的原故）這些問題全都會出現不順、是非糾葛、傷害、對抗的情形。

化忌星在財帛宮時，會對錢財造成進財不順、有是非糾紛、消耗，用錢不當，存不了錢的問題。例如財帛宮有武曲化忌的人，一生中都是對金錢搞不清楚，看不清財路，和人有錢財上的是非糾紛，也常發生因錢而起的災害，例如被罰錢、倒債、領不到錢等等的問題。

命宮中有武曲化忌和財帛宮有武曲化忌，或和官祿宮有武曲化忌都不一樣。每一個宮位所代表的武曲化忌，雖然都和錢財、政治有關，但表達的方式都不一樣。

命宮中有武曲化忌時，是其人固執、偏執在錢財問題上，而常遭錢財上的是非糾葛所困住。但是其人在流年、流月等運程，不在武曲化忌的流運上時，其人對金錢問題偏執的情形依舊存在。但不一定會有金錢上的是非災禍了。只有在走武曲化忌的運程時，才會有錢財上的不順、糾紛，引發財運的問題。

財帛宮有武曲化忌的人，其人一生的財格都會拘限在錢財不順，錢財有是非糾紛的格局之中。錢老是無法留存，錢也不會太多，財富也不會大了。

不論流年怎麼走，都是在錢財少，有是非糾紛的陰影下去得財和用財。

官祿宮有武曲化忌的人，其人對金錢沒有敏感力，眼中所看到的財路有問題，所以總是找到有金錢麻煩，不容易賺到錢的工作。同時他在與人相處上，本身的智慧上都有缺陷，一味的偏執。

夫妻宮有武曲化忌的人，在內在感情智商上對錢有固執、偏執的毛病，在他的心眼中所看到的財路，全是與是非糾紛有關係的財路，心態上不成熟也不圓滿，所以他所找到的配偶也是個不會賺錢，或在錢財上不順利的人。

遷移宮中有武曲化忌的人，在他生活的周圍環境中就是充滿金錢麻煩，和金錢糾紛的環境，當然財運是不順利也是財少的，在他的一生中都會有這種困境，因此他也看不到財路。

福德宮有武曲化忌的人，在他的觀念和意志力中，對於金錢有頑固、扭曲的看法，所以看到的財路也不清晰、明朗，常遭金錢上的挫折和麻煩，當然這就是我們俗稱命中沒有財了。其實不是沒有財，而是被忌星牽絆了。

由以上可知化忌星會依跟隨主星的特性，而有各種置肘、設限的困難內容，也會依所在的宮位，而產生在各種條件上的是非、糾紛，讓人過得不愉快，賺錢得財也少。

地劫、天空在人的命、財、官、夫、遷格中也會產生不同的製造空劫的情況。

地劫，是外來劫入把財劫走的力量。天空，是內在空乏缺失的不平衡。有地劫在命宮的人，容易受外來的影響而學壞，形成頑劣、固執、喜怒無常、有是非、不合群的性格，但是確實做到『只要我喜歡，沒什麼不可以』的人。

有**天空在命宮的人**，思想單純，對什麼也不感興趣，有出世的思想，對財也看不見，也不想努力爭取，有萬事成空之念。

地劫在財帛宮，常有外來的力量把財劫走，使其人賺不到錢，或是有人讓你耗財，留不住錢。有天空在財帛宮，其人手頭常空空，很難入賬，錢財常成空。

地劫在官祿宮，會有外來的力量使事業不順。在工作上常遭遇困難，或失去工作、賺不到錢。有**天空在官祿宮**中，其人的智慧和能力是空乏的，事業很難做得好，賺錢自然不多。

地劫在夫妻宮，表示其人的內心中常有外來不好事物所影響形成的觀念在鼓動其人的內心情緒和思慮，使其常往壞的方面想，往不合於取財之道的方向想，以致於在賺取財富時，會有遲疑、停頓、不努力、不前進的情形，以致於賺不到很多的錢財。

天空在夫妻宮時，表示其人在內心思緒、感情中偏向高格調、空乏、不喜與人競爭、也不喜歡和人多有瓜葛的態度，以致喪失了人緣機會，也喪失了賺取財的機會。因此夫妻宮有天空星的人會容易結不成婚，也賺不到錢或不想賺錢。

地劫在遷移宮中時，表示其人外在的環境中常有不好的人、事、物會劫入，把他的財和機會搶走了。所以環境中就空空如也，成為無財的狀況。有天空星在遷移宮時，表示其人的外在環境中原本就空無一物，也不會有財進出。縱使有財進入也會立刻被消耗掉而成空。有地劫、天空在遷移宮的人，縱使看得到財，但卻摸不到財，他的取財方式必須靠別人，第三者過手，輒轉經過別人的手，再轉到他這裡來。

有一位朋友是貪狼化權坐命戌宮的人，但是他的遷移宮有武曲、地劫，財帛宮中有天空星，做生意從沒做成過，老是失敗，投資也收不回來錢。讓他的妻子很抱怨。有這種命格的人，做生意不可用自己的名字做老闆，收錢時要請妻子或會計去收，必須用別人的手去收錢，才會收得到錢。因為他的命宮有化權，意志力和個性都很強悍，不喜歡聽別人的勸告，也不信邪，多次失敗後，他不得不承認經由他人之手來取財是最好的方法了。於是買股票用兒子、妻子的名字去買，他只是在幕後下達操作的買入、賣出的命令，結果也賺了一大筆錢，至此，他才是真的服氣了。

貪狼坐命戌宮的人，夫妻宮都很好，是紫府。他的妻子財帛宮正有武曲化權和天府星，正是一個可好好利用的人。但是妻子這時又轎傲起來了，讓此人很不爽。我看到這種情形，便分析給他們夫妻聽。貪狼化權坐命的人非常聰明，又能掌握好運時機，而且知道錢的方向的人，財、遷二宮有空劫，自己拿不到錢財，因此要找別人幫忙。但是他的財庫很好，是天梁居旺，會有貴人幫忙守財、治理錢財。將來房地產很多，而且是愈來愈多。其妻子是紫相坐命的人，雖然財帛宮是武曲化權和天府，手中運用的錢財很多、很龐大，但是田宅宮是陀羅，表示房地產存不住，且會有是非麻煩，而且財庫的狀況很不好，有財沒庫。夫妻是同林鳥，互助就是自助，所以應該用心協力來賺錢，來儲財，將來家業才會愈積愈大。這兩個人的財格都有問題，合則利，分則有害，也是不明智的思想。

福德宮有地劫時，其人的精神狀態和意志力常用在對外界事物有興趣的地方，而這些事物都是對他不算好、無利的事物，並且也常有不好的思想、情緒會劫入他的觀念和思想方式之中，佔據他原有的思想模式，成為他新生的觀念模式，於是結果就不好了。看不到錢的方向，或是由於聽信別人的話而耗財、失財或根本賺不到錢。

有天空星在福德宮時，其人的精神狀態和意志力是空乏的，一切都看空，看淡，也不想努力去打拼爭取，對機會和財運都無所謂，思想空空，自然不是真心想得到錢財的人了。

由以上可知，有地劫、天空在命、財、官、夫、遷、福之中的人，很多原因都是因為他們本身對財的觀念和思想上產生空洞、空乏的狀況，再加上外來因素的劫入、劫財，所以這些人想要賺錢，使財運好一點，實際上只是他們一時的想法，他並不會天天把得財、賺錢放在心坎上。倘若有這種命格的人還是想賺錢，就要假他人之手來賺錢，才會真的有錢可賺了。

權、祿、科、忌、劫空相逢時所產生的變化

在人的命格中常有一些特殊的狀況，例如權忌相逢、祿忌相逢、權空相逢、祿空相逢等特殊的狀況，常也會使人的財變小，變沒有了。

有一位朋友的財帛宮是天同居廟化祿、祿存、地劫、天空同宮。乍看一下有雙祿是很好的財格。但是有劫空同宮，為『祿逢沖破』，雖不是絕對的沒錢和窮困，但是財運起伏，陸續被劫走、成空，仍然是漂浮的一生，錢財常不順。

在人的命格中，無論在命、財、官、夫、遷、福等宮，權祿相逢是最好

的，會發達、有財利，運氣好。例如武貪坐命的人，生在己年，命格中有貪狼化權、武曲化祿的人，絕對是比命宮中只有武貪坐命的人，財利大、成就大，而且高出很多出來。又例如同陰坐命的人，若命格中有天同化權、太陰化祿，也絕對有官格，或高地位的職位，財祿都很好，也會在成就上高出命格中只有同陰雙星坐命的人。

在命格中若有權忌相逢，就是化權和化忌同宮，或在對宮相照，是比較辛勞、固執的狀況，有是非麻煩了還要固執、自然辛勞，經過辛苦的折磨，忌星的是非、麻煩不順也可以磨平，但會不停的折磨。例如同巨坐命的人，命宮中若有天同化權、巨門化忌，其人就一生奔忙於是非口舌的災禍之中，常受蜚短流長之苦，其人遷移宮中有擎羊星，若再有火、鈴在命、財、官三方出現，流年不好，便有厭世憤而自殺的問題出現了。

在命格中若有祿忌相逢，因為祿不可解忌，而以雙忌論之。就像機陰坐命的人，若是有天機化祿和太陰化忌同在命宮（乙年生的人），其人雖然聰明，但思想上仍有許多扭曲的，和常人不一樣的思路。並且在人緣關係上，在財運上還是不順，多是非糾葛和麻煩的人。

在命格中若有科忌相逢，化科是文弱的星，敵不過化忌星，所以是以忌星為重。不過此人在先天上會具有特殊才藝和學問，麻煩只是一時的，會因為其他的才能而得到救助，倘若以財運來論之，錢財還是不順的。

在命格中有化忌和地劫或天空同宮，表示因為先有是非、麻煩的侵擾，最後萬事成空。

在命格中有化權和劫空同宮，表示雖有強力的領導力、主控力，但最後還是成空。**在命格中有化祿和劫空同宮**，為『祿逢沖破』沒有財運，**在命格中有化科和劫空同宮**，有很好的想法和能力，但結果依然成空。

在命格中有化忌星，最怕被羊陀前後相夾，是為『羊陀夾忌』的惡格，流年、流月逢到，會有遇難遭災，性命嗚呼的境況，是人生中不得不防的災難。

第四章　用命盤格式來賺你的財

在紫微斗數中有十二種命盤格式，每一個人有自己專屬的命盤格式，很多人會覺得：難道世界上的人，這麼多的人都只用這十二個命盤格式就概括了嗎？

我在很多本書中都談過這個問題，紫微斗數是一門命理學，同時也是一門分析、統計學、整合、歸納性的邏輯學。它把所有人類的命格大致分類再分析統計，歸納整理，大致形成十二種運程、命程有相似點的十二種命盤格式的人。再由這些命盤格式各自分別形成十二種不同性格、不同環境、不同成就、不同生命結果的人。當然這其中還會有許多外來因素的影響，輔星、時系星（昌曲、火鈴、劫空）以及干系星（祿存、羊陀、化星）的影響，形成了千千萬萬個不同的生命組合。

所以十二個命盤格式是生命基本的格式。就像生命之初是由空氣、陽光、水所形成的一般，這是生命基本形成的形態，是無庸置疑的。

每個人都有自己專屬的命盤格式。每個命盤格式也都有自己的優缺點，要怎麼樣利用自己命盤格式的優點來賺到你的財？要怎麼樣躲過、避開自己的命盤格式的缺點來減少耗財，以達到使自己的財富增多，這就是這章要講的重點了。

太陽、月亮會決定你的財旺不旺，賺不賺得到你的財

在斗數中的十二個命盤格式裡，有『紫微在子』、『紫微在丑』、『紫微在寅』三個命盤格式是肯定為『日月反背』的命理格局的。也就是說，在這三個命盤格式中，太陽和太陰（月亮）都是陷落無光的。

太陽在命理中是代表運氣的暢旺和主貴的力量。主貴以後也可因貴得財，運氣好也可得財。所以太陽雖不是直接得財，但也和財有關連，是離財很近，伸手可及的。

太陰星是陰財星，是按時、按月所得到的財，是漸漸湧現、儲蓄增多的財，太陰也是田宅主，故可由房地產增多而顯財富。當太陽、太陰居陷無光時，上述的得財機會就不見了。也就會比命理格局中有『日月皆旺』的人少了兩個旺運的流運，也就是在十二個流年運程中，少了兩年進財的流年運。在每一年中少了兩個進財的流月運程。

同時命盤格局中有太陽陷落的人，在男性社會團體中缺乏競爭力，較難賺到男人的錢財。有太陰陷落的人，在女性社會團體中也缺乏競爭力，也較難賺到女性的錢財。這在選擇工作上就有了環境上好壞的限制，也影響到助你生財的機會問題。

日月反背的命盤格式

紫微在子

太陰(陷) 巳	貪狼(旺) 午	天同(陷) 巨門(陷) 未	武曲(得) 天相(廟) 申
廉貞(平) 天府(廟) 辰			太陽(平) 天梁(得) 酉
卯			七殺(廟) 戌
破軍(得) 寅	丑	紫微(平) 子	天機(平) 亥

紫微在丑

廉貞(陷) 貪狼(陷) 巳	巨門(旺) 午	天相(得) 未	天同(旺) 天梁(陷) 申
太陰(陷) 辰			武曲(平) 七殺(旺) 酉
天府(得) 卯			太陽(陷) 戌
寅	紫微(廟) 破軍(旺) 丑	天機(廟) 子	亥

紫微在寅

巨門(旺) 巳	廉貞(平) 天相(廟) 午	天梁(旺) 未	七殺(廟) 申
貪狼(廟) 辰			天同(平) 酉
太陰(陷) 卯			武曲(廟) 戌
紫微(旺) 天府(廟) 寅	天機(陷) 丑	破軍(廟) 子	太陽(陷) 亥

並且太陽代表父親，太陰代表母親，命盤格局中有太陽陷落，太陰陷落的人，在得自父母輩的資助和財產就很少，有些人是根本得不到的，會因家境較不富有，或與父母不合而得不到。

用『日月皆旺』來賺你的財

命理格局中有太陽居旺，太陰居旺的，有『紫微在巳』、『紫微在午』、『紫微在未』、『紫微在申』四個命盤格式。這四個命盤格式的人，是最能運用此命盤格式中『日月皆旺』的優點來賺你的財了。

怎麼賺呢？

第一、你可以賺男人的錢，也可以賺女人的錢。不論你是男人或女人，你都可在男人、女人的手下做事，而且深得上司歡心，你和同事可平等、和平的相處，當你和同事們競爭時，你也不會畏畏縮縮的擔心害怕，你會勇往直前

紫微在巳

紫微 旺 七殺 平 巳	午	未	申
天機 平 天梁 廟 辰			廉貞 平 破軍 陷 酉
天相 陷 卯			戌
太陽 旺 巨門 廟 寅	武曲 廟 貪狼 廟 丑	天同 旺 太陰 廟 子	天府 得 亥

的參與競爭。另外你也可和男人、女人做生意，或買賣男人、女人的用品，這些都是賺取你的財比別人機會好又多的優勢條件。

第二、因為太陽、太陰皆居旺位，你會和父母親的感情較融洽，得自父母長輩的錢財資助，和經驗體會較豐富，也可能得自他們的財產也較多。倘若命格中有居旺的太陽化忌或太陰化忌，你和父母、長輩之間的感情不會太好，有是非，但財產依然能得到財產，只是不多罷了。

第三、你會在流年運和流月運程中，比別人多兩年可進財的運程，如此一來，你就會比別人賺得多了。倘若你在一生中的大運也逢到居旺的太陽運和太陰運，你就會比有『日月反

日月皆旺的命盤格式

紫微在申

太陽(旺) 巳	破軍(廟) 午	天機(陷) 未	天府(得) 紫微(旺) 申
武曲(廟) 辰			太陰(旺) 酉
天同(平) 卯			貪狼(廟) 戌
七殺(廟) 寅	天梁(旺) 丑	天相(廟) 廉貞(平) 子	巨門(旺) 亥

紫微在未

巳	天機(廟) 午	破軍(旺) 紫微(廟) 未	申
太陽(旺) 辰			天府(旺) 酉
七殺(旺) 武曲(平) 卯			太陰(旺) 戌
天梁(廟) 天同(平) 寅	天相(廟) 丑	巨門(旺) 子	貪狼(陷) 廉貞(陷) 亥

紫微在午

天機(平) 巳	紫微(廟) 午	未	破軍(得) 申
七殺(廟) 辰			酉
天梁(廟) 太陽(廟) 卯			天府(廟) 廉貞(平) 戌
天相(廟) 武曲(得) 寅	巨門(陷) 天同(陷) 丑	貪狼(旺) 子	太陰(廟) 亥

背』格局的人，多出二十年容易賺錢進財的好運。一生所形成的成就格局和財富格局，就高出有『日月反背』格局的人很多，會有很大的差距，幾乎是天壤之別。

命盤格局中的日月，有一個陷落，一個居旺的格局，也有五個命盤格式，其中太陽居旺，太陰居陷的命盤格式是『紫微在酉』、『紫微在戌』、『紫微在亥』。而太陰居旺，太陽居陷的命盤格式是『紫微在卯』、『紫微在辰』。

前面說過，當太陽居旺，太陰居陷時，太陽主貴，主旺運，太陰主財，主平和，主女性，主母。因此『紫微在酉』、『紫微在戌』、『紫微在亥』這三個命盤格式的人，命格主體是主貴的人，會在男性社會團體中過得悠游自在，

紫微在卯

天相(得) 巳	天梁(廟) 午	廉貞(平) 七殺(廟) 未	申
巨門(陷) 辰			酉
紫微(旺) 貪狼(平) 卯			天同(平) 戌
天機(得) 太陰(旺) 寅	天府(廟) 丑	太陽(陷) 子	武曲(平) 破軍(平) 亥

紫微在辰

天梁(陷) 巳	七殺(旺) 午	未	廉貞(廟) 申
紫微(得) 天相(得) 辰			酉
天機(旺) 巨門(廟) 卯			破軍(旺) 戌
貪狼(平) 寅	太陽(陷) 太陰(廟) 丑	武曲(旺) 天府(廟) 子	天同(廟) 亥

有競爭力。在女性團體中較沒人緣，賺錢機會存在於與男性相關方行業之中。同時你們不懂得儲蓄生財，得自母系長輩的錢財利益也較少。得自父系、長輩的財產、利益會較多。在流年、流月中少了一個賺錢的流運，你們的財全在男性相關的機會之中，但以公職、薪水族為主。

當太陰居旺，太陽居陷時，因『紫微在卯』、『紫微在辰』這兩個命盤格式的人，你的命格主體是以主富為主的格局。要升官發財比較辛苦，以賺錢致富，儲蓄致富比較可能達到。你在女性社會團體中有人緣、有機會，也有競爭力。你在男性社會團體中比較覺得困難，推動不開，常受制於別的男性，也競爭不過他們。你會在得自母系長輩的利益和財產較多，得自

日月一旺一弱的命盤格式

紫微在酉

武曲(平) 破軍(平) 巳	太陽(旺) 午	天府(廟) 未	天機(得) 太陰(平) 申
天同(平) 辰			紫微(旺) 貪狼(平) 酉
卯			巨門(陷) 戌
寅	廉貞(平) 七殺(廟) 丑	天梁(廟) 子	天相(得) 亥

紫微在戌

天同(廟) 巳	武曲(旺) 天府(旺) 午	太陽(得) 太陰(陷) 未	貪狼(平) 申
破軍(旺) 辰			天機(旺) 巨門(廟) 酉
卯			紫微(得) 天相(得) 戌
廉貞(廟) 寅	丑	七殺(旺) 子	天梁(陷) 亥

紫微在亥

天府(得) 巳	天同(陷) 太陰(平) 午	武曲(廟) 貪狼(廟) 未	太陽(得) 巨門(廟) 申
辰			天相(陷) 酉
廉貞(平) 破軍(陷) 卯			天機(平) 天梁(廟) 戌
寅	丑	子	紫微(旺) 七殺(平) 亥

父系長輩的財產、利益較少。在流年、流月中也少了一個賺錢的流運，你的財全在和女性、金融相關的機會之中，也以公職、薪水族、儲蓄為主。你是屬於財旺、官不旺的人。

命盤格式也決定你的貴人運，會不會幫你賺到財

在斗數中，只要命盤格式已定，實際上貴人運也就欽定了。貴人運主要看的是天梁（蔭星）的旺弱關係。天梁居旺的，當然貴人運就很暢旺。不但隨時有貴人相助，在急難時，也容易逃生和起死回生，快速復健。就算你遇到景氣不好，大環境改變，財運困難之際，也會有急難救助者出現。這在你有沒有機會賺到錢？和別人給不給你賺錢的機會上是非常明顯的際遇。

在命格中天梁居旺的人，不但有貴人來相助，其人本身也願意接受別人的好意相助，同時也善於體會別人的善意。內心的柔軟度比較高，在適當的機會裡也願意伸手幫助別人。在機會的掌握上是積極進取的人。

在命格中天梁居陷的人，缺乏貴人來相助。同時其本人常不喜歡別人來管他的事，無法體會到別人的善意，內心想法較固執己見，也不接受長輩的教導、勸說，喜歡自顧自，當然也不知道在何時是幫助人的適當時機了。並且在機會的掌握上是比較遲鈍退縮的人。

由上述的因果來看，你就會知道為什麼有些人會有貴人運，有些人根本無法得到貴人運，這完全是由自己的主觀意識會接受或排斥的情形而形成的。

近來新聞報導，台灣九二一地震後，災區自殺死亡的人數已達二十人之多。有學生來問我，為什麼這些人會看不到自己的財在那裡？會去自殺呢？

這是一個非常好的問題，我想這其中最大的因素，就是在這些自殺死亡的人之命格中是屬於天梁陷落，沒有貴人運的人，也很可能在其人的『命、財、官』和『夫、遷、福』等宮位有天空、地劫出現。人在將死的一刻有貴人出現，也就不會死了。有空、劫在『命、財、官』的人，無法看到、找到錢財、財路。有空、劫在『夫、遷、福』的人，在本性思想上，凡事會看空、看淡，有灰色思想，這樣就完全消失了競爭力了。所以愈是困難的地方、窮的地方，命格強的人才能生存下來，弱者就會淘汰。這是物競天擇的原始法則，雖是非常殘酷，但是非常真實，只有堅強活下去的人，才是最後的贏家。

有位自殺死亡的災民家屬說，在災區找不到工作，連擺檳榔攤都擠不上去。大家都知道，賣檳榔在台灣是看起來簡單，但非常特殊的行業。通常都有黑道在把持連鎖，目前競爭很厲害，要不然就不會用辣妹來賣檳榔了。由此可見，賣檳榔也不是什麼人都可去賣的。這位死亡的災民，也因為看不清自己的財路，又沒有貴人指引，一味固執，而置一家大小而不顧，憤而尋死，讓妻小獨自面對更困苦的人生，豈不是不義呢？既然災區這麼困苦，找不到工作機會，為什麼不離開那個地方，到別處謀生計呢？命格強的人，一定會很早便瞭解這一點，再艱難也會到他處謀營生。而命格弱的人，就會有許多顧慮，像是沒有熟人介紹啦！害怕出外也找不到工作啦！或是擔心領不到救濟金啦！沒地方住啦！等問題。處處給自己找麻煩，找藉口，準備以不變應萬變。但是運氣已經這麼低靡了，一定要『變』，才會有企機出現呀！人只能自助，而後才有人會助你，好運決不會自己從天而降，一定要自己給自己機會，別人才會給你機會的，這也是貴人運的通常法則。

我常對一些一清二白、兩袖清風、前來問財運的朋友說：有一句俗話說『穿鞋的怕光腳的』，你既然已經一清二白了，運至谷底了，還怕什麼？還顧慮什麼？只要踏出這一步，有工作就做，有錢就先賺，不要嫌職位的高低，不要怕辛苦、艱難，不要嫌錢少，自然運氣就會翻轉過來了，有能力的人，是不會被埋沒的，困難只是一時的，不是永久的。運氣不好也只是一時的，不是永遠的，每個人三個月就轉一次小運，三年轉一次大運，把身體養好，保持頭腦的清晰，自然很快就改運了。

在命盤格局中有『紫微在子』、『紫微在寅』、『紫微在卯』、『紫微在巳』、『紫微在午』、『紫微在未』、『紫微在申』、『紫微在酉』、『紫微在亥』等九個命盤格式中天梁是居旺的。這其中『紫微在子』命盤格式裡天梁居得地之位，是剛合格，勉強擠上旺位寶座，當然它的含意會比天梁真正在旺位時的貴人運功效差一點，但也算不錯了。它是和太陽居平同宮，

天梁居旺的九個命盤格式

紫微在卯

天相(得) 巳	天梁(廟) 午	廉貞(平) 七殺(廟) 未	申
巨門(陷) 辰			酉
紫微(旺) 貪狼(平) 卯			天同(平) 戌
天機(得) 太陰(旺) 寅	天府(廟) 丑	太陽(陷) 子	武曲(平) 破軍(平) 亥

紫微在寅

巨門(旺) 巳	廉貞(平) 天相(廟) 午	天梁(旺) 未	七殺(廟) 申
貪狼(廟) 辰			天同(平) 酉
太陰(陷) 卯			武曲(廟) 戌
紫微(旺) 天府(廟) 寅	天機(陷) 丑	破軍(廟) 子	太陽(陷) 亥

紫微在子

太陰(陷) 巳	貪狼(旺) 午	天同(陷) 巨門(陷) 未	武曲(得) 天相(廟) 申
廉貞(平) 天府(廟) 辰			太陽(平) 天梁(得) 酉
卯			七殺(廟) 戌
破軍(得) 寅	丑	紫微(平) 子	天機(平) 亥

紫微在未

巳	天機(廟) 午	紫微(廟) 破軍(旺) 未	申
太陽(旺) 辰			天府(旺) 酉
武曲(平) 七殺(旺) 卯			太陰(旺) 戌
天同(平) 天梁(廟) 寅	天相(廟) 丑	巨門(旺) 子	廉貞(陷) 貪狼(陷) 亥

紫微在午

天機(平) 巳	紫微(廟) 午	未	破軍(得) 申
七殺(廟) 辰			酉
太陽(廟) 天梁(廟) 卯			廉貞(平) 天府(廟) 戌
武曲(得) 天相(廟) 寅	天同(陷) 巨門(陷) 丑	貪狼(旺) 子	太陰(廟) 亥

紫微在巳

紫微(旺) 七殺(平) 巳	午	未	申
天機(平) 天梁(廟) 辰			廉貞(平) 破軍(陷) 酉
天相(陷) 卯			戌
太陽(旺) 巨門(廟) 寅	武曲(廟) 貪狼(廟) 丑	天同(旺) 太陰(廟) 子	天府(得) 亥

紫微在亥

天府(得) 巳	天同(陷) 太陰(平) 午	武曲(廟) 貪狼(廟) 未	太陽(得) 巨門(廟) 申
辰			天相(陷) 酉
廉貞(平) 破軍(陷) 卯			天機(平) 天梁(廟) 戌
寅	丑	子	紫微(旺) 七殺(平) 亥

紫微在酉

武曲(平) 破軍(平) 巳	太陽(旺) 午	天府(廟) 未	天機(得) 太陰(平) 申
天同(平) 辰			紫微(旺) 貪狼(平) 酉
卯			巨門(陷) 戌
寅	廉貞(平) 七殺(廟) 丑	天梁(廟) 子	天相(得) 亥

紫微在申

太陽(旺) 巳	破軍(廟) 午	天機(陷) 未	紫微(旺) 天府(得) 申
武曲(廟) 辰			太陰(旺) 酉
天同(平) 卯			貪狼(廟) 戌
七殺(廟) 寅	天梁(旺) 丑	廉貞(平) 天相(廟) 子	巨門(旺) 亥

太陽已日落西山，所以在整個的貴人運上是不算很強了。

有九個命盤格式中的天梁都是居旺的情形看來，我們就知道在人類中絕大多數的人都有貴人運，而且有的人貴人運還十分的旺盛和有用，能幫忙賺錢。譬如說『紫微在午』、『紫微在寅』、『紫微在申』這三個命盤格式的人，就是這樣的。在『紫微在午』命盤格式中天梁和太陽同宮，而同在廟位，這是極旺的，貴人運並為你帶來主貴的力量，因貴而得財，是富貴同高的格局。而『紫微在寅』和『紫微在申』兩個命盤格式的天梁獨坐居旺，對宮有陷落的天機星，表示當情況不好時，就有貴人來救。不管是什麼情況，就算是財運不佳，就會有財運貴人來救。這當然就會讓你得財，進財了，因此這樣的貴人運真是實實在在的貴人運了。

另外『紫微在卯』命盤格式的天梁是居廟旺，極旺的。對宮有居陷的太陽。這表示外界情況暗淡時，就會有貴人來救。自然財運暗淡也會有貴人來救，這也是會進財、得財的命格。

其他如『紫微在未』命盤格式中的天梁雖居廟，但是和居平的天同福星同宮，這表示貴人運只在幫助你平順享福方面著力，進財、得財方面雖是有，但少得多。再如『紫微在巳』、『紫微在亥』命盤格式中的天梁也是居廟位的極旺，但是和居平的天機星同宮，這表示貴人運是在幫助你的聰明度和迅速變化、轉變方面著力。同時天機、天梁皆不主財，所以在進財、得財方面是根本不明顯的，也極少的。

天梁居陷的三種命盤格式

在命盤格局中有三個命盤格式是天梁居陷位的，那就是『紫微在丑』、『紫微在辰』、『紫微在戌』這三個命盤格式了。你也可看到貴人運在此是完全幫不上忙的。

『紫微在丑』命盤格式中，居陷的天梁星和居旺的天同福星同宮。這表示其人安於現狀，愛享福，沒有衝勁，所以貴人也幫不上忙了。

『紫微在辰』、『紫微在戌』兩個命盤格式中，天梁居陷獨坐，對宮有居廟的天同福星，這表示其人的外在環境太好了，太享福了，所以貴人無用武之地。

由於上述三個天梁居陷的命盤格式中，天梁居陷，都是和天同福星居旺、居廟有關，由此可見，是其人自己愛享福，放棄了努力進取，也放棄了貴人運。

天梁居陷的三種命盤格式

紫微在戌

天同(廟) 巳	武曲(旺) 天府(旺) 午	太陽(得) 太陰(陷) 未	貪狼(平) 申
破軍(旺) 辰			天機(旺) 巨門(廟) 酉
卯			紫微(得) 天相(得) 戌
廉貞(廟) 寅	丑	七殺(旺) 子	天梁(陷) 亥

紫微在辰

天梁(陷) 巳	七殺(旺) 午	未	廉貞(廟) 申
紫微(得) 天相(得) 辰			酉
天機(旺) 巨門(廟) 卯			破軍(旺) 戌
貪狼(平) 寅	太陽(陷) 太陰(廟) 丑	武曲(旺) 天府(廟) 子	天同(廟) 亥

紫微在丑

廉貞(陷) 貪狼(陷) 巳	巨門(旺) 午	天相(得) 未	天同(旺) 天梁(陷) 申
太陰(陷) 辰			武曲(平) 七殺(旺) 酉
天府(得) 卯			太陽(陷) 戌
寅	紫微(廟) 破軍(旺) 丑	天機(廟) 子	亥

我曾在我的另一本書《好運跑你跑》全新增訂版中談到天梁星的旺弱對人生的影響。命格中有居旺的天梁星會讓其人有慈愛心，人緣好，樂於和長輩親近，從而得到知識、經驗，增加賺錢的機會。也會得到長輩在金錢方面的資助，並且會推己及人，照顧幼小、晚輩，廣結善緣。命格中天梁居陷的

人，不喜歡和長輩接觸，怕麻煩、怕管束、怕嘮叨，當然學不到經驗和知識。而且本身較懶，自己也沒辦法搞通向上奮進的道路，連拍馬屁都拍不好，阻隔了貴人運，就少了一大堆機會，沒有機會，如何賺錢呢？況且命格中是天梁陷落的人，都有固執、自私、懶惰的病因，再加上命盤格局中的太陽、太陰，要不就是『日月反背』的格局，再則就是一明一滅的格局，當然在賺錢進財方面是有雙重瑕疵的，所以你若要改善這個現象就是先從和家中父母及周圍的上司、長輩們著手，做好人際關係，不要再畏畏縮縮的怕見到他們，多關心他們，增強自己的貴人運。你的財就在你的關心中自然產生了。

命格中有天梁居陷的人，不會照顧別人，也得不到長輩良好的照顧，在內在的感情世界裡他們也很難去體會別人的內在心意。所以有這種命格的人，也很難去體會瞭解上司、長官的內在心意，會與上司、長官保持距離，拍馬屁都不會拍，自然在升官上就不利了。

『陽梁昌祿』格不畏天梁陷落

但是命格中有『陽梁昌祿』格的人，縱然是有天梁陷落，在讀書方面、競爭方面，雖不是十分十分的順利，但是機會也不差，仍有高中的希望，而不受天梁陷落的影響。縱然是連此格中的太陽也陷落了，仍不受影響，對讀書、考試方面仍是會高中的，我想這多半是文昌星和祿星發揮了絕大部份的作用吧！

命格中有『陽梁昌祿』格的人，在賺錢方面，就會受到此等貴格的影響而職位增高、增貴，賺錢方式也是比較具有文化水準的方式，絕不會做勞力、勞工的工作了。既然有了『陽梁昌祿』格，你的財就完全為此格所主掌了。所以你的財就要從『陽梁昌祿』格中去尋找了。

最近，我在電台接受訪問，席間休息的時候，主持人就把在電台中工作夥伴的命盤拿出來請我解釋。卻讓我發現了一個有趣的現象。那就是：這些在廣播電台中工作的人，命格中『命、財、官』的部份都有太陽、巨門、天同、化祿、祿存這些星，有時候這些星也會在『夫、遷、福』中出現。並且最讓人驚訝的，就是這些人全部都有『陽梁昌祿』格。

訪問結束在回家的路上，我一直在玩味這件事。當然這會有非常合理的解釋。廣播電台的工作性質，就是帶動社會文化、流行的先鋒，它有一種主導的地位，沒有良好的文化水準和知識是無法勝任的。所以廣播電台的工作人員是必需具備『陽梁昌祿』格，會唸書、能快速吸取知識和資訊才能在這個工作崗位上做得好，生存得下去。同時也表示，這些人的人生結構也是被這個『陽梁昌祿』格所主宰了。他們所賺的錢，也就在這個『陽梁昌祿』格之上了。

另一方面，在他們的『命、財、官』、『夫、遷、福』中都有太陽、巨門、天同、祿星的出現，也證明他們的『陽梁昌祿』格是和『機月同梁』格以及財格、祿格是相結合的。

大家都知道，廣播電台的工作是競爭很激烈的，節目做得好、有口碑、人氣旺，就會成廣播界的長青樹。而且這個工作是以口才來見稱的，所以在他們的『命、財、官』、『夫、遷、福』中都會出現一顆巨門星。巨門星不但是口才星，也代表激烈的競爭和爭鬥。巨門又和祿星在一起，又和『陽梁昌祿』、『機月同梁』相組合，自然就形成這麼一個以口才在廣播公司工作為賺錢取財之路的命格了。所以這是非常切合命格得財的人生路途。

太陽在他們的命格中又會發生什麼影響呢？我想廣播工作都是帶給大家無限歡樂的氣氛。很多主持人都有開朗、博愛、溫和、陽光面的親和力。所以這種天生優質的生命力和好運道，也促使他們在廣播工作中順暢和人氣旺的傳播開來。太陽星在他們的命格中不僅僅是『陽梁昌祿』的運氣旺、得財，更帶有非常廣大面的人緣桃花的成份了。

如何用偏財運來理財致富

法雲居士⊙著

偏財運會創造人生的奇蹟，
偏財運也會為人生帶來財富，
但『暴起暴落』始終是人生中的夢魘。

如何讓暴發的財富永遠留在你的身邊，如何用一次接一次的偏財運增高你的人生格局。

這本『如何用偏財運來理財致富』就明確的提供了發財的方法和用偏財運來理財致富的訣竅，讓你永不後悔，痛快的過你的人生！

紫微屋相學

法雲居士⊙著

人有面相，房屋就有『屋相』。
人有命運，房屋也有命運。
具有好命運的房子，也必然具有好風水與好『屋相』。

房子、住屋是人外在環境的一部份，人必須先要住得好、住得舒適，為自己建造好的磁場環境，才會為你帶來好運和財運。
因此你住了什麼樣的房子，和為自己塑造了什麼樣的環境，很重要！

這本『紫微屋相學』不但告訴你如何選擇吉屋風水的事，
更告訴你如何運用屋相的運氣來為自己增運、補運！

第五章　用周圍環境來賺你的財

用周圍環境來賺你的財，從紫微命理的角度來看，顧名思義，大家很快就明白是從命盤的遷移宮中來發現你的賺錢機會了。遷移宮中有財星居旺的人，當然就很容易的賺到了你的財。例如貪狼坐命辰、戌宮的人，遷移宮中是武曲財星居廟，自然會身處富裕財多的環境之中，隨處可看到錢途、財路。賺錢的機會多，其人心思活躍，對錢財很敏感，立即就能分辨出財多、賺錢容易的工作和行業，也深諳賺取的方法，自然能抓得住錢財來為己用。再如七殺坐命寅宮或申宮的人，遷移宮是紫微、天府，這也是第一等的富裕環境。外界的環境有如一個頭等等級的大財庫，生活舒適，保守、富裕而快活，賺錢的基礎就很好，環境又高尚，在人生競賽中起跑點就比別人優勢，自然你的財是要向外界去謀取的了。

其實命格中是『殺、破、狼』格局的人，也就是命宮中有七殺星、破軍星、貪狼星的人，只要這些星在旺位，就會因為其人有較凶悍強勢的命格，比較起來，外界的環境就非常平和、軟弱了。他的性格強過外面的環境，所以他的外界環境就會出現像天府、天相、紫微這些平和的星曜，這就是由他們強勢的命格形成對外界征服、管束的一種狀況了。

命格中是『殺、破、狼』的人，其賺錢的方式實際就是一種掠奪的方式，因此一定要出外去打拚、要出征、要動起來。快速的活動、運動、忙碌、辛勞，搬運錢財也要使用力氣來辛勞，錢才會屬於自己的嘛！待在家中靜坐、不動、不外出工作，錢財是絕對不會順利的，故而有『殺、破、狼』在命宮的人，絕不可在家開店、靜守，除非你的工作形態也很奔忙，否則是不吉的，賺錢不多的。

命宮中有七殺星

我們看命宮中有七殺星的人，遷移宮都有一顆天府星（財庫星），表示外界環境就是一個大財庫。但是依命宮七殺星所落坐的位置，這個財庫有大有小。**七殺坐命子、午宮的人**，遷移宮是武曲、天府，表示財庫很大，有億萬之資，為頭號等級的大小。**七殺坐命丑、未宮時，是廉殺坐命的人**，遷移宮是天府居廟，這是第二等富有的命格，外面的財庫也極大。**七殺坐命寅、申宮時**，這是『七殺仰斗格』和『七殺朝斗格』的人，為將軍世家，所擁有的財庫為頭號一級棒的財庫，其遷移宮是紫微、天府，大將軍是為帝王打江山的人，當然外面的環境皆是王土，帝王的財庫，故而他的財庫是比別人位居一品的。

七殺坐命卯、酉宮時，是武殺坐命的人，其遷移宮是天府居得地或居旺，因為本命中武曲居平，故而他外面的財庫比起來格局要小很多了，但也算是豐滿的財庫。**七殺坐命辰、戌宮的人**，其遷移宮是廉貞、天府，其外界的環境是聰明度不高，但有一點錢財的人所擁有的財庫，這已經是第四等的財庫了。

七殺坐命巳、亥宮時，是紫微、七殺同坐命宮的人，此時是紫微居旺、七殺居平。七殺只有和紫微同宮時居平陷之位為極低的位置的。紫微忙著安撫七殺這顆幾近陷落的殺星，忙著平衡他的不祥的煞氣，所以並沒有用太多的精力用在賺錢取財方面，因此他外面的環境就只是一個小型的財庫而已了，其還移宮為天府居得地剛合格之位，勉強算是一個財庫而已。

命宮有七殺星的人，財庫都在外面，不在自己家中，所以要到外面打拚奔波才會有錢。你的財就在外面的世界裡。倘若命宮中有祿存同宮的人，自己家中也會有財了。

命宮中有破軍星

命宮中有破軍星的人，遷移宮中都有一顆天相福星，而福德宮中都有一顆天府星。這表示命宮中有破軍星的人更強悍、掠取豪奪的更凶，外界環境中的人都不如他，是溫和而怕事的人，而他就可以安享強取豪奪而來的財富了。

破軍坐命子、午宮的人，遷移宮是廉貞、天相，福德宮是紫府、表示在他的周圍都是比較不聰明、又溫和，愛做事的乖乖牌，他可以予取予求，所以他就享受到如帝王般的財富了。大陸國家主席江澤民先生就是破軍坐命子宮的人，所以他的競爭力就比別人強，因此可掌權主政，享受高人一等的生活。

破軍在丑、未宮坐命時，是紫微、破軍坐命的人。坐命丑宮的人，其遷移宮是天相居得地位，福德宮也是天府居得地位，表示紫破坐命丑宮的人，外界的環境並不算最最安穩、平和的，只是第四、五級的普通溫和、小康的環境，當然其人所可享受到的財富就不算大了。

但是紫破坐命未宮的人卻不一樣了，其遷移宮是天相居廟位，福德宮為天府星，也居旺位，這表示此人的外界環境是較高的，有第二級的平和富裕，自然他所享受到的財祿也是較高的了。

破軍坐命寅、申宮的人，其遷移宮是武曲、天相。武曲居得地位，天相居廟，表示這是一個中等富庶的環境，比小康還稍好一點的環境，其福德宮是廉貞、天府，故其人在享受財祿方面是猶有餘刃，有點小財，就可以不必太用大腦，運用點人際關係就舒服的過日子了，此命格的人是奮鬥力不強的，除非是甲年生的人，有破軍化權在命宮，或者是庚年生的人有武曲化權在遷移宮的人，會奮鬥力強一點。

破軍在卯、酉宮坐命時，是廉貞、破軍坐命宮的人。命宮中雙星俱陷落。廉貞、破軍又都是煞星，陷落時，是勞碌、破耗、智力不高，敢橫衝直闖、大膽，但是成果卻不一定好的。其遷移宮為天相陷落，福星陷落，不能為福保佑，只有勞碌、困苦。其福德宮為天府居得地之位。表示所能享受的財祿是極少的了，但還是有一點點。

破軍在辰、戌宮坐命時，其遷移宮是紫相，雙星皆居得地剛合格之位，表示其人外在的環境是一種地位不算特別高，有一點小地位，環境中的氣氛也不算太平和，是表面看起來平和，而內藏玄機的一種環境。其福德宮是武曲、天府。此人在不算高的地位中，卻仍可享受最富足充裕的財祿，可見他是一個可壓制一群小官，而使其朝俸的人，所以此命格的人多半可略具地位、官位而掌財。

破軍坐命巳、亥宮時，是武曲、破軍坐命的人，此時雙星皆居平位，極低了，常以落陷論之。財星和耗星同位，稱之『因財被劫』的格式，本命中的財被耗星劫走了，因此是困窘的命格。其遷移宮是天相居得地之位，福德宮是天府居廟位，表示其人窮兵黷武，外界的環境是小康的環境，但他仍要強取，享受極多的財祿，這當然是不可能的。所以武破坐命的人，要不然就順應環境，外表形態上很溫和謙恭、懶惰，沒有奮鬥力，專以享福為主的人生。要不然就是天不怕、地不怕、奮鬥力、鬥爭力特強的人士，專以掠取豪奪為人生架構。因此武破坐命的人，在性格上有兩極化的分別，就像西安事變的主角張學良先生就是武破坐命的人。三十五歲以前過得是奮鬥力、鬥爭力強的生活。三十五歲以後被軟禁，過得是溫和、懶惰，沒有奮鬥力，安心享福的生活就是這個道理了。武破坐命人，是能屈能伸的人，專以環境的變化來決定其人生架構。

『殺、破、狼』命格的人，人生脈動頻率各有不同

破軍坐命的人，其人生脈動曲線、震動幅度、活動範圍，賺錢的方式和七殺坐命者不一樣，同樣也和貪狼坐命者不同。這三種命格的人，分別有不同的打拚方式、打拚目的、打拚奮鬥的結果。所以在取財、得財的地方、環境、方法、思想上各自有各自一套的技術和理念，雖然同樣是掠取的方式，但操作技術和所得到的結果是各自不同的。

命宮中有貪狼星

貪狼是好運星，講究的是『機會的獲得』。貪狼居旺坐命的人，就肯定有十分多又好的機會，總是在身邊湧現不停，一個接一個的，運氣十分好，貪狼又是偏財星，故而突發的機會使之得財，更是目不暇給。所以貪狼坐命的人，多半像貪心的小孩，總是想挑選到最好的那個機會，於是常放過眼前

的機會。不過他們是從不會後悔擔心的，因為機會太多了，也從不擔心機會好運會枯竭，這就形成了他們的性格是行動快速，多變，不想立即下決定，圓滑，閃爍、敏感性強，稍有感覺不妙，就立即抽腿，穩定性不高，做事沒長久性，不太負責任、馬馬虎虎的性格了。彷彿他們在快速翻閱記載人生架構的生死簿一般，想快速翻到最後一頁，早看結果。

貪狼在子、午宮坐命時，遷移宮是紫微星，表示他們出生的環境就是高人一等，體面、有地位的家庭，當然生活環境是最佳的了。在未來人生的競爭之中，因為起跑點比別人高一等，自然人生架構和所得到的財祿，也是高

貪狼坐命子、午宮的人

天機(平) 巳	紫微(廟) 午	未	破軍(得) 申
七殺(廟) 辰			酉
太陽(廟) 天梁(廟) 卯			廉貞(平) 天府(廟) 戌 夫
武曲(得) 天相(廟) 寅	天同(陷) 巨門(陷) 丑	貪狼(旺) 子 命	太陰(廟) 亥

太陰(陷) 巳	命 貪狼(旺) 午	天同(陷) 巨門(陷) 未	武曲(得) 天相(廟) 申
廉貞(平) 天府(廟) 辰			太陽(平) 天梁(得) 酉
卯			七殺(廟) 戌
破軍(得) 寅	丑	紫微(平) 子 遷	天機(平) 亥

人一等的。他命格中的財庫星天府是在夫妻宮，是廉府同宮，表示其人內在感情思想是富裕的、保守的，而且不必用太多頭腦，只要用圓滑的人際關係，就過得很好了。貪狼坐命的人都不會理財，財庫又都在夫妻宮，貪狼坐命者又容易晚婚或不婚。所以能早點結婚的人，就會比較有錢，有人幫忙理財、儲財，財富就會增多。貪狼坐命子、午宮的人，其配偶就是利用人緣關係廣結善緣的方法幫忙使財富增多的人。

貪狼在丑、未宮坐命時，是武貪坐命的人。其遷移宮是空宮，表示此人的財和好運機會是存在於本命性格之中，而他外界周圍的環境是空茫不確定的狀況。倘若此人的遷移宮中有火星或是鈴星進入，表示此人有雙重的暴發運格，而其外在的環境是火爆、急躁、快速、競爭激烈、爭強鬥狠、也快速結束、快速耗財的局面。

武貪坐命的人，本身就是『武貪格』暴發運、偏財運的擁有者，再加火星或鈴星，就成為『武火貪格』或『武鈴貪格』的雙重暴發運格了。

有擎羊或陀羅進入武貪坐命者的遷移宮時，就形成偏財運的破格，偏財運和暴發運會暴發得小或是有拖延的趨勢。有地劫、天空在命、遷二宮時，福德宮和財帛宮都會有另一個天空或地劫，偏財運和暴發運會不發。壬年生的人有武曲化忌在命宮，癸年生的人會有貪狼化忌在命宮，這兩種命格的人，也不會暴發偏財運。

武貪坐命的人，命格很強勢，天府財庫星在夫妻宮居得地之位。表示只有配偶能幫忙他儲財，但是這個財富的格局並不大，只是普通小康格局的財富水準罷了，所以武貪坐命的人的財，在於自己本身的想法、做法，和夫妻間合作的情形而定財富的大小了。倘若有化忌星在命宮的人，就完全寄望於

武貪坐命丑、未宮的人

		遷	
紫微(旺) 七殺(平) 巳	午	未	申
天機(平) 天梁(廟) 辰			廉貞(平) 破軍(陷) 酉
天相(陷) 卯			戌
太陽(旺) 巨門(廟) 寅	武曲(廟) 貪狼(廟) 丑	天同(旺) 太陰(廟) 子	天府(得) 亥
	命		

		命	
天府(得) 巳	天同(陷) 太陰(平) 午	武曲(廟) 貪狼(廟) 未	太陽(得) 巨門(廟) 申
辰			天相(陷) 酉
廉貞(平) 破軍(陷) 卯			天機(平) 天梁(廟) 戌
寅	丑	子	紫微(旺) 七殺(平) 亥
	遷		

夫妻、配偶來幫忙賺取你的財了，你的財就會略小一點了。

貪狼坐命寅、申宮時，是獨坐居平位的，其遷移宮是居廟的廉貞星。這表示此人本命中的好運並不旺，又處在勾心鬥角、是非爭鬥很嚴重的環境中，處處須暗中策劃營謀才能生存。所以此人比一般人的環境是差了一點。但是他的夫妻宮是武曲、天府，正財星和財庫星全在夫妻宮，表示配偶非常有錢，他的財完全是由配偶來形成、支配的。所以此命格的人，不論男女，只要有個好配偶就有錢了。

貪狼坐命寅、申宮的人

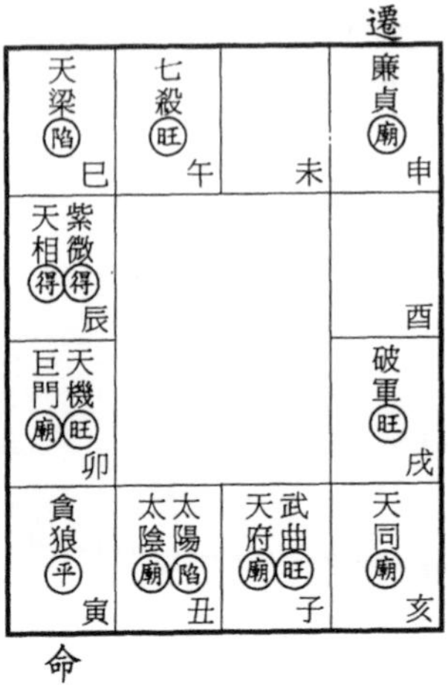

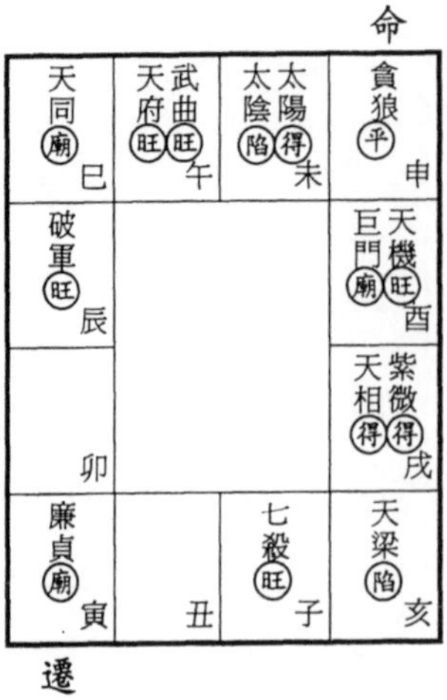

貪狼在卯、酉宮時，是紫貪坐命的人，此時是紫微居旺，貪狼居平位。其遷移宮是空宮，這表示貪狼本身的好運不強，以致減少了主貴的力量。紫貪坐命的人，是『桃花泛水』的格局。遷移宮又是空茫一片。有祿存進入遷移宮，代表外在環境是保守、有財，是固定的，能生存的財，並不會太富有。有昌曲進入遷移宮，代表外在環境是有文化水準，或口才好、有才藝的環境，但其人會有長相俊美，頭腦卻糊塗的情況。遷移宮中有擎羊時，其人會個子較矮小，生活環境周圍很險惡，從小的生活環境差，只有結婚以後才會好。

貪狼、紫微坐命的人

天相(得) 巳	天梁(廟) 午	廉貞(平) 七殺(廟) 未	申
巨門(陷) 辰			酉 遷
命 紫微(旺) 貪狼(平) 卯			天同(平) 戌
天機(得) 太陰(旺) 寅	天府(廟) 丑	太陽(陷) 子	武曲(平) 破軍(平) 亥

武曲(平) 破軍(平) 巳	太陽(旺) 午	天府(廟) 未	天機(得) 太陰(平) 申
天同(平) 辰			紫微(旺) 貪狼(平) 酉 命
遷 卯			巨門(陷) 戌
寅	廉貞(平) 七殺(廟) 丑	天梁(廟) 子	天相(得) 亥

你的財完全在夫妻宮，因為夫妻宮是天府居廟，配偶會為你生財、儲財，所以結了婚你就一帆風順了。

貪狼坐命辰、戌宮的人是最好命、好運的人，本命貪狼居廟位，運氣一級棒，再加上遷移宮是武曲居廟，周圍環境中到處是財。夫妻宮又是紫府，配偶又會幫你儲財。所以你只要到外面去打拚，再加上夫妻合作無間，財富就會累積，家財萬貫了。前總統府資政吳伯雄先生就是貪狼坐命辰宮的人，出身富裕家庭，而後家族企業龐大，他的財就是有好的遷移宮和夫妻宮所形成的。

貪狼坐命辰、戌宮的人

	巨門(旺) 巳	廉貞(平) 天相(廟) 午	天梁(旺) 未	七殺(廟) 申	
命	貪狼(廟) 辰			天同(平) 酉	
	太陰(陷) 卯			武曲(廟) 戌	遷
夫	紫微(旺) 天府(廟) 寅	天機(陷) 丑	破軍(廟) 子	太陽(陷) 亥	

	太陽(旺) 巳	破軍(廟) 午	天機(陷) 未	紫微(旺) 天府(得) 申	夫
遷	武曲(廟) 辰			太陰(旺) 酉	
	天同(平) 卯			貪狼(廟) 戌	命
	七殺(廟) 寅	天梁(旺) 丑	廉貞(平) 天相(廟) 子	巨門(旺) 亥	

貪狼坐命巳、亥宮時，是和廉貞同宮，為廉貞坐命巳、亥宮的人，此是廉貪二星俱陷落，是不好的命格。其遷移宮又是空宮。命、遷相互對照，情況更糟，是人緣不佳，又沒有好運機會，又沒有頭腦智力的人，所以常偏向邪佞方面的人生發展。武曲財星和七殺同在官祿宮，是『因財被劫』的格式。

天府庫星在夫妻宮，所以配偶是幫你守財的好幫手，但是此人的奮鬥力不強，從軍警職會一生平順，做其他的行業全部會起起伏伏沒有結果。遷移宮中若有『陀羅』進入就會形成『廉貪陀』的『風流彩杖』格，一生以風流淫蕩而

· 第五章 用周圍環境來賺你的財

貪狼與廉貞坐命的人

命 廉貞(陷)貪狼(陷) 巳	巨門(旺) 午	天相(得) 未	天同(陷)天梁(陷) 申
太陰(陷) 辰			武曲(平)七殺(旺) 酉
天府(得) 卯			太陽(陷) 戌
破軍(旺) 寅	紫微(廟) 丑	天機(廟) 子	遷 亥

遷 巳	天機(廟) 午	破軍(廟)紫微(廟) 未	申
太陽(旺) 辰			天府(旺) 酉
七殺(旺)武曲(平) 卯			太陰(旺) 戌
天梁(廟)天同(平) 寅	天相(廟) 丑	巨門(旺) 子	廉貞(陷)貪狼(陷) 命 亥

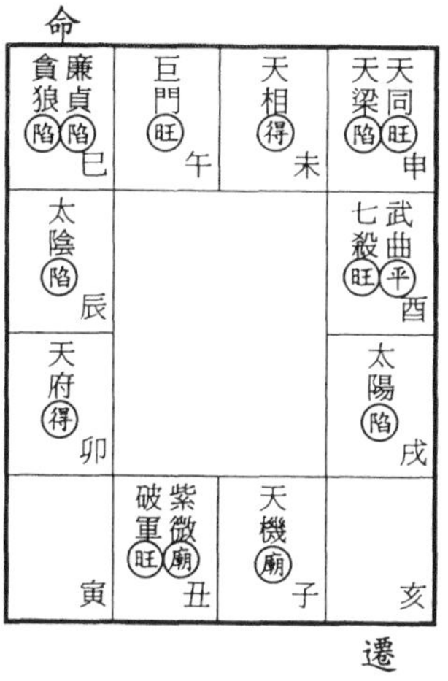

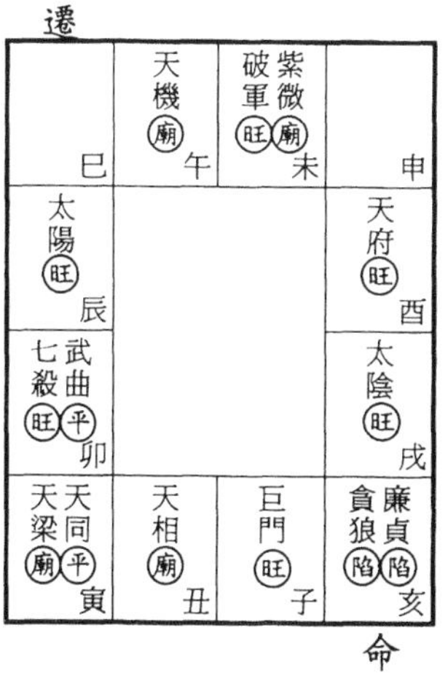

敗事，更無法賺到自己的財了。只有命宮和遷移宮有祿存的人，才可賺到使自己溫飽，生活舒適的財。

溫和命格的人更要注意遷移宮中是否是財星、庫星

命格是溫和星曜坐命的人，特別要看清楚你的外在環境是什麼？財星、庫星在那裡，才好去賺你的財，例如：

遷移宮中有破軍星

命宮中有天相坐命的人，不論是天相獨坐命宮，或是紫相、武相、廉相等命格的人，你的遷移宮中都有一顆破軍星，而財帛宮都有一顆天府星。這就表示，在你周遭環境是紛亂擾攘的世界，也可能是破破爛爛，沒有制度、沒有規劃、規矩的世界，所以要由你來為他們整理、規劃，為他們服務，把他們導上正途，你就是以此種方法來賺錢的。這種賺錢術就是你的生財術，會讓你賺很多的錢。你也會在工作中由於做復健、規劃的重整的工作，所以

可以摸到很多、很大的錢財。錢財有多大？就要以命宮所在的宮位旺弱，以及財帛宮的天府是否居旺為重要指標了。

又例如：

命宮中有天府星

命宮中有天府坐命的人，其遷移宮都有一顆七殺星，如紫府坐命的人，遷移宮是七殺。廉府坐命者的遷移宮也是七殺。武府坐命者的遷移宮也是七殺。天府坐命丑、未宮的人，遷移宮是廉殺，天府坐命卯、酉宮的人，遷移宮是武殺，天府坐命巳、亥宮的人，遷移宮是紫殺。這些人的遷移宮都有一顆七殺星，表示在他的環境中都是必須十分辛苦，任勞任怨，用強悍、頑固的態度苦撐下去，打拚到底的人。所以意志力都是非常堅定的，是不容別人干涉或擾亂的。同時也代表外界環境中有凶悍的、不太順利的環境，會帶給他們某種精神層面的折磨，並且命宮有天府星的人，其人的財完全要靠自己去賺、去儲存。自己是財庫星坐命的人，外界的人只是來奪財的人，所以他們在心態上是保守、護衛自己很深的心態，也就形成了較自私自利的心態了。

天府單星坐命的人，財帛宮都是空宮，官祿宮都是天相星，表示賺錢的機會是空茫的，只有努力工作才會有固定的錢財收入，所以他們都是一群有固定工作的人。

天府和另一個星，形成雙星坐命時，都會增強命格，形成賺錢致富、生活優裕、高人一等好的人生架構。例如**紫府坐命的人**，財帛宮是武曲財星居廟，官祿宮是廉相。他會找到最適合自己賺錢的方法，平穩、固定，如潮水般湧進錢財，而自己就像納百川的下游湖泊一般，將湧入的錢財匯入自己的財庫之中。**武府坐命的人**，財帛宮是廉貞居廟，官祿宮是紫相。武府坐命的人的財，在於本身的智慧。他們是對錢財極為敏感的人，對於賺錢的點子和智慧特別發達，所以經過他們的營謀、設計、賺錢的通路就十分平穩、鞏固的打開了。他們也會把自己的地位增高，持續有效的維護自己賺錢的方法，所以武府坐命的人只要忙碌，愈忙就愈有錢了。

廉府坐命的人，財帛宮是紫微。官祿宮是武相。他們的財主要在於工作上掌管到錢財規劃的權力問題，也就是工作職位高，在錢財上的優裕程度就高。一般他們在工作上都會找到有錢財發展及遠大順暢的工作，可以得到高收入或高薪資，同時廉府坐命的人，也是個善於運用人際關係而得財的人，所以他也算是愈忙就愈有錢的人了。

命宮中有天相星

命宮中有天相星的人，其遷移宮中都有一顆破軍星。表示他們在生下來的家庭中就有些複雜，有些更是破碎的家庭。這會依本命天相所在的宮位和同宮的星曜而有情況好壞的差異。同時命宮中有天相星的人，在賺錢時所遇到環境也會是個複雜性高，有些混亂或工作型態零碎、破爛、爭鬥、擾嚷、奔波、流動性大的，這麼樣一個環境的工作。凡是合於上列特徵的，天相坐命的人，就比較做得住，賺得了錢。例如：電子業、零件業、物流業、業務、人際關係整合、公關業、培訓公司專業人員、銀行職員、各類型總務工作、店內服務工作等。

我在很多本書中提到過，命宮中有天相星的人，都是來這個世界上替人收拾殘局的，替人做擦屁股的工作的，不但在家庭中的地位是如此，在工作上的性質也是如此，因此他們基本天性上是富於整合、協調的特殊技能的人。因此這一輩子要賺的錢，也就從這方面著手了，不論是天相單星坐命的人，亦或是紫相、武相、廉相坐命的人，都會有這種特殊的技能和特質，故而所要賺的錢就必須以此為打拚方向了。

天相單星坐命時，財帛宮都是天府，官祿宮是空宮，故而知道天相坐命的人，是以賺錢為第一要務，點錢納財為基本的才能，他們非常會理財，也非常愛賺錢。甚至並不在意工作地位的形態和高低，只要有錢賺便很高興了。因此也不會拘泥於某些名聲和自尊，他們所重視的是實質的利益，也就是實質賺到錢，才是他們真正覺得有成就感的地方。

紫相坐命的人，財帛宮是武府，官祿宮是廉貞居廟。**武相坐命的人**，財帛宮是廉府，官祿宮是紫微。**廉相坐命的人**，財帛宮是紫府，官祿宮是武曲居廟。這些雙星坐命的人，你會發覺，財星、庫星、帝座、智多星（廉貞）

全在『命、財、官』之中，所以他們的財完全在於自己對錢財的敏感力，再加上積極策劃佈置、營謀，而形成一個完全連結完美的網路。所以好的智慧，加上本身的營造，奮鬥，再加上對金錢的敏感力就形成了賺錢的方式。而賺取自己的財真正的原動力就在遷移宮（外在的環境）之中了。

溫和命格的人都具有『機月同梁』格

在溫和命格中，天同、天梁、太陰、天機這四種命格的人，全都是『機月同梁』格的人，除了太陰還帶一點財之外，其餘的星全都不帶財，所以凡是有『機月同梁』格的人，財都是比較少，比較含蓄的了。

在他們的『命、財、官』、『夫、遷、福』中，都是天同、天梁、太陰、天機這四星在環繞著，或是有太陽、巨門二星參差在其中，這些星曜中只有太陰帶點財，但屬於緩慢、陰藏、微旺的財，效果不彰。所以命格形成『機月同梁』格的人，就常會發現到：要不然就是命格中的財星、庫星全在閒宮，使不上力。要不然就是陷落無助。再就是在財帛宮、官祿宮等形成空宮的形勢，使賺錢的事情形成空茫的狀況，較難看得到錢途，在從事賺錢方面的能力自然就差了。

有『機月同梁』格的人，完全是看外界環境中機會、運氣的好壞，才能斷定有沒有財的。也就是要看遷移宮中星曜的旺弱而定機運的好壞。例如太陰坐命戌宮的人，遷移宮是太陽居旺，運氣就十分暢旺了。他的財帛宮是天機居廟，錢財上多變化而且佔優勢。官祿宮是天同居平、天梁居廟表示工作平順，有貴人相助，但操勞不斷，他就會比較有錢了。太陰坐命辰宮的人，還移宮是太陽居陷，情況就差很多了，雖然財帛宮也是天機居廟，但官祿宮是天同居旺，天梁居陷，外面的環境不好，晦暗不明，也沒有貴人相助，自己本身的打拚能力也很弱，故而一生所有的財甚少了。

太陰坐命戌宮或辰宮的人，雖然由於環境中所受到的運氣好壞不同，但是可以在『變化』中求財，也就是多利用『變』的因子，做活動性、奔波型、運用智力的工作（例如設計、規劃、創造、藝術性、演藝圈、廣告類、善變型、奔波型的行業）就可以賺到你的財了。

太陰坐命辰、戌宮的人

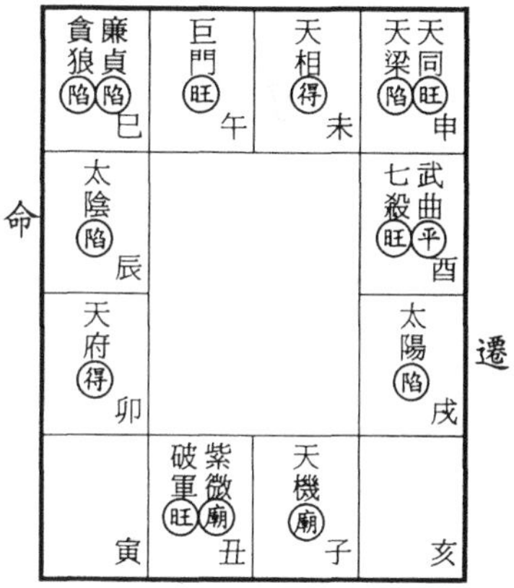

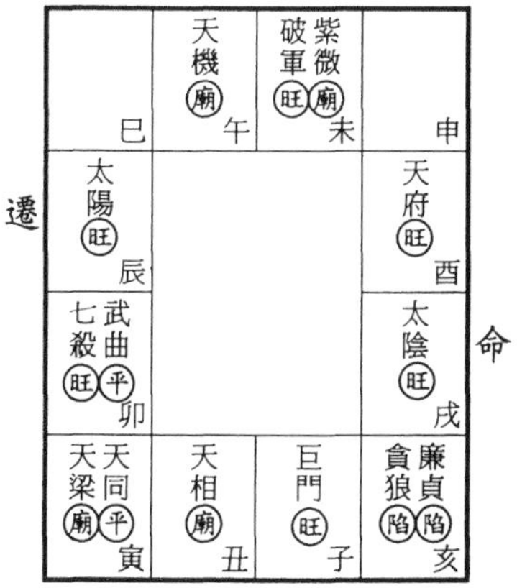

太陰坐命的人，財都在自己的身上，也就是在自己的感受力和智慧裡。

倘若自己的財多，對錢財的感受力好、智慧高，環境雖然平平，對你的影響力不大。倘若自己的財少，對錢財的感受力差，智慧低，環境平平，對你的影響力就大，就比較困苦了。太陰坐命的人，命格架構主體就是『機月同梁』格，是故他的財就是緩慢而進，按月而領的薪資，要慢慢積蓄增多的財，同時也是平順祥和、不會暴起暴落的財。當然在感覺上好像沒有大進大出那麼暢快，那麼多了。

例如**太陰坐命卯、酉宮的人**，以及太陰坐命巳、亥宮的人，也是如此。太陰坐命卯、酉宮的人，遷移宮都是天同居平，環境中雖溫和，但無力、沒有財，也沒有波瀾和奮鬥力的激發，但因為太陰坐命酉宮的人，財帛宮是太陽居旺，在錢財上的運氣較好，又由於本身帶財多，對金錢的敏感力高，智慧也略高，故而看得到進財的運氣，所以財多，賺錢容易。太陰坐命卯宮的人，財帛宮是太陽居陷，因為其人自身對錢財的敏感力不高，智慧又差，故而錢財運氣也差，自然較難看到財路，這就是為什麼窮困的道理了。兩

太陰坐命卯、酉的人

太陽(旺) 巳	破軍(廟) 午	天機(陷) 未	紫微(旺) 天府(得) 申
武曲(廟) 辰			太陰(旺) 酉 命
遷 天同(平) 卯			貪狼(廟) 戌
七殺(廟) 寅	天梁(旺) 丑	廉貞(平) 天相(廟) 子	巨門(旺) 亥

巨門(旺) 巳	廉貞(平) 天相(廟) 午	天梁(旺) 未	七殺(廟) 申
貪狼(廟) 辰			天同(平) 酉 遷
命 太陰(陷) 卯			武曲(廟) 戌
紫微(旺) 天府(廟) 寅	天機(陷) 丑	破軍(廟) 子	太陽(陷) 亥

種人身處的環境略似，但因自身帶財的多寡而有分賺錢的路途。

太陰坐命巳、亥宮的人，其遷移宮是天機居平，環境中是動盪不安、機會又差的環境。並且周遭全是一些自作聰明，智慧不高的小人。在這樣不好的環境中，因為太陰坐命亥宮的人，自身有財，對金錢、財路的敏感力高，智慧也高，財路也會順暢得多。但是太陰坐命巳宮的人，自身的財少，對金錢的敏感力不高，本身智慧也有瑕疵，財路自然不容易看到了。

我們看太陰坐命巳、亥宮的人，其財帛宮都是空宮，有同巨相照，官祿

太陰坐命巳、亥宮的人

命

太陰(陷) 巳	貪狼(旺) 午	天同(陷) 巨門(陷) 未	武曲(得) 天相(廟) 申
廉貞(平) 天府(廟) 辰			太陽(平) 天梁(得) 酉
卯			七殺(廟) 戌
破軍(得) 寅	丑	紫微(平) 子	天機(平) 亥

遷

遷

天機(平) 巳	紫微(廟) 午	未	破軍(得) 申
七殺(廟) 辰			酉
太陽(廟) 天梁(廟) 卯			廉貞(平) 天府(廟) 戌
武曲(得) 天相(廟) 寅	天同(陷) 巨門(陷) 丑	貪狼(旺) 子	太陰(廟) 亥

命

宮是陽梁。這種命格都是以做公職，才會有財路出現的命格，但是他們在公職時期常會有中途中斷的跡象，所以財帛宮才會是空宮，有同巨相照的情況。台北市長馬英九先生就是太陰坐命亥宮的人，其財帛宮就是這種現象。公職中斷時，便無財運，選上公職才有財運。這就完全要靠時運而定了。流年運好，財路便寬，流年不好，財路便緊縮了。

命宮中有天同星的人

天同坐命的人也有幾種不同的遷移宮所造成的環境不同，間而影響到財運的問題。

天同坐命巳、亥宮的人，其遷移宮是天梁陷落。表示外在的環境中是貴人少，少人照顧，也無法用名聲來得財的環境。他們的財帛宮是空宮，有日月相

天同坐命巳宮的人

命

天同(廟) 巳	武曲(旺) 天府(旺) 午	太陽(得) 太陰(陷) 未	貪狼(平) 申
破軍(旺) 辰			天機(旺) 巨門(廟) 酉
卯			紫微(得) 天相(得) 戌
廉貞(廟) 寅	丑	七殺(旺) 子	天梁(陷) 亥

遷

照，這是空茫模糊的財運。天同坐命亥宮的人，財帛宮相照的太陰居廟，尚且有稍好一點的財運。天同坐命巳宮的人，財帛宮相照的太陰居陷，情況就不算妙了。除非『命、財、官』有化祿、祿存幫忙，否則難有小康的環境。在天同坐命巳、亥宮的命格中若有『陽梁昌祿』格形成的人，也會增高學識以得財，但仍以公務員，小康環境為主了。

天同坐命亥宮的人

遷 天梁(陷) 巳	七殺(旺) 午	未	廉貞(廟) 申
紫微(得) 天相(得) 辰			酉
天機(旺) 巨門(廟) 卯			破軍(旺) 戌
貪狼(平) 寅	太陽(陷) 太陰(廟) 丑	武曲(旺) 天府(廟) 子	天同(廟) 亥 命

天同坐命的人，是福星坐命的人，要看父母有沒有財？他們的財全在父母宮，也就是看家傳好不好？家業雄厚不雄厚而定。所以他們的財完全依父母有沒有財而定。這在後面依六親關係來看你的財會談到。

天同坐命卯宮的人，其遷移宮是太陰居旺，環境中就是溫和、富裕、情感深厚的環境。父母又是武曲居廟，還形成『武貪格』暴發運，所以此人自幼生活舒適，養成溫和懶惰的習慣，也沒有奮發力，因此他們會覺得賺錢很麻煩，工作很麻煩。你看他的財帛宮是巨門居旺，官祿是天機陷落，就會知道其人會覺得賺錢是競爭厲害、是非多的，要花口舌力氣的，自然在工作上就不賣力，工作的變化多端，也爭不到好的職位和好的收入了。不過天同坐命卯宮的人到外面去，到父母處仍可找到自己的財路。

天同坐命酉宮的人，就沒有這麼好的福氣了。他的遷移宮是太陰陷落，福德宮又是太陽陷落，為人較閉塞，父母雖是武曲財星，但外在的環境財不多，敏感力又不佳，人緣較差，自身又不積極，完全靠父母給的財，自己賺

天同坐命卯、酉宮的人

太陽(旺) 巳	破軍(廟) 午	天機(陷) 未	紫微(旺) 天府(得) 申
武曲(廟) 辰			遷 太陰(旺) 酉
命 天同(平) 卯			貪狼(廟) 戌
七殺(廟) 寅	天梁(旺) 丑	廉貞(平) 天相(廟) 子	巨門(旺) 亥

巨門(旺) 巳	廉貞(平) 天相(廟) 午	天梁(旺) 未	七殺(廟) 申
貪狼(廟) 辰			命 天同(平) 酉
遷 太陰(陷) 卯			武曲(廟) 戌
紫微(旺) 天府(廟) 寅	天機(陷) 丑	破軍(廟) 子	太陽(陷) 亥

得不多，自然情況不佳了。

天同坐命辰、戌宮的人，其遷移宮都是巨門陷落，表示環境中是非爭鬥多，也沒有財。父母宮又是武破，父母也沒有財，而且很可能家庭破碎，但是他們的財帛宮是天梁居廟、官祿宮是機陰，唯一的財星太陰在官祿宮出現，天同坐命戌宮的人，官祿宮的太陰會居旺，所以他們只要辛勞一點，亦可做變化多一點的工作，自己可賺到財，只要有奮鬥力，田宅宮還有天府居廟，自然有財歸庫，老運是不錯的。天同坐命辰宮的人，官祿宮的太陰居平，所賺的錢少一點，勤於積蓄，也會有小康的生活，這個命

天同坐命辰、戌宮的人

武曲(平) 破軍(平) 巳	太陽(旺) 午	天府(廟) 未	天機(得) 太陰(平) 申
命 天同(平) 辰			紫微(旺) 貪狼(平) 酉
卯			巨門(陷) 戌 遷
寅	廉貞(平) 七殺(廟) 丑	天梁(廟) 子	天相(得) 亥

天相(得) 巳	天梁(廟) 午	廉貞(平) 七殺(廟) 未	申
遷 巨門(陷) 辰			酉
紫微(旺) 貪狼(平) 卯			天同(平) 戌 命
天機(得) 太陰(旺) 寅	天府(廟) 丑	太陽(陷) 子	武曲(平) 破軍(平) 亥

格的人，就是要固定的有工作才有財可進。

天同雙星坐命的人，其遷移宮都是空宮，如同陰坐命的人，同梁坐命的人，同巨坐命的人，其遷移宮都是空宮。代表其外界的環境是空茫、晦暗不明的。

同陰坐命的人，因本命中有一個太陰財星，其人還看得到財，但只是保守的，喜歡暗藏私房錢式的儲存方式罷了。因為財、官二位都再也沒有財星出現了，而且財帛宮還是空宮，官祿宮的機梁又不主財。所以他只有用自己的財在養活自己。這個自己的財就是他自己的智慧，和對錢財的敏感力，以及能享得到福的

同陰坐命子、午宮的人

命

天府(得) 巳	天同(陷) 太陰(平) 午	武曲(廟) 貪狼(廟) 未	太陽(得) 巨門(廟) 申
辰			天相(陷) 酉
廉貞(平) 破軍(陷) 卯			天機(平) 天梁(廟) 戌
寅	丑	子	紫微(旺) 七殺(平) 亥

遷

遷

紫微(旺) 七殺(平) 巳	午	未	申
天機(平) 天梁(廟) 辰			廉貞(平) 破軍(陷) 酉
天相(陷) 卯			戌
太陽(旺) 巨門(廟) 寅	武曲(廟) 貪狼(廟) 丑	天同(旺) 太陰(廟) 子	天府(得) 亥

命

福力了。所以同陰坐命的人，只要『命、財、官、遷』還有祿星（化祿和祿存）進入，就會財多一點，那就是錢路。同陰坐命的人的財星、好運星同在父母宮是武貪，天府庫星在兄弟宮，這又是以家族、血緣關係為財路的另一種方式呈現了。

同梁坐命的人，其遷移宮是空宮，財帛宮是太陰，官祿宮是天機居廟。命坐寅宮的人，財帛宮的太陰居旺，表示會對金錢做理財、儲存的打理，會使錢愈來愈多。倘若寅、辰、午、申、戌等宮有文昌、化祿、祿存進入也會有『陽梁昌祿』格，會以公職、官職而得財，所賺的錢就非同小可了，這是

同梁坐命寅、申宮的人

遷

巳	天機(廟) 午	紫微(廟) 破軍(旺) 未	申
太陽(旺) 辰			天府(旺) 酉
武曲(平) 七殺(旺) 卯			太陰(旺) 戌
天同(平) 天梁(廟) 寅	天相(廟) 丑	巨門(旺) 子	廉貞(陷) 貪狼(陷) 亥

命

命

廉貞(陷) 貪狼(陷) 巳	巨門(旺) 午	天相(得) 未	天同(旺) 天梁(陷) 申
太陰(陷) 辰			武曲(平) 七殺(旺) 酉
天府(得) 卯			太陽(陷) 戌
寅	紫微(廟) 破軍(旺) 丑	天機(廟) 子	亥

遷

在外界環境空茫中還能找出財路的方法了。

同巨坐命的人，其遷移宮是空宮，財帛宮又是空宮，官祿宮又是天機陷落，表示其人智慧不佳，也沒有錢財上的敏感力，工作上的能力也不佳，也沒有奮鬥力。他們命格上的財星在父母宮，財庫星在子女宮，太陰財星在夫妻宮，與財有關的星全在閒宮，又在六親宮，故是靠人生活的人，所以他們只要在家中享福，再製造一些口角、是非、爭鬥，運用一些彆腳的政治手腕，就可以找到他們的財路了。

同巨坐命丑、未宮的人

命

太陰(陷) 巳	貪狼(旺) 午	天同(陷) 巨門(陷) 未	武曲(得) 天相(廟) 申
廉貞(平) 天府(廟) 辰			太陽(平) 天梁(得) 酉
卯			七殺(廟) 戌
破軍(得) 寅	丑	紫微(平) 子	天機(平) 亥

遷

遷

天機(平) 巳	紫微(廟) 午	未	破軍(得) 申
七殺(廟) 辰			酉
太陽(廟) 天梁(廟) 卯			廉貞(平) 天府(廟) 戌
武曲(得) 天相(廟) 寅	天同(陷) 巨門(陷) 丑	貪狼(旺) 子	太陰(廟) 亥

命

命宮中有天機星的人

天機坐命的人，也是『機月同梁』格的主角，所以要看太陰財星落在何宮，就知道其人的財在何方位了。

天機坐命子、午宮的人，其遷移宮是巨門居旺，表示環境中是非爭鬥多，而且其人也喜歡製造是非變化來順應自己的利益。他的太陰星在官祿宮之中。天機坐命午宮的人，官祿宮的太陰居旺，只要有固定的工作就會有平順的財運了。天機坐命子宮的人，官祿宮的太陰居陷，工作上所賺的錢不多，但也是要有固定的工作就會有錢了。

天機坐命子、午宮的人

命

巳	天機(廟) 午	紫微(廟) 破軍(旺) 未	申
太陽(旺) 辰			天府(旺) 酉
武曲(平) 七殺(旺) 卯			太陰(旺) 戌
天同(平) 天梁(廟) 寅	天相(廟) 丑	巨門(旺) 子	廉貞(陷) 貪狼(陷) 亥

遷

遷

廉貞(陷) 貪狼(陷) 巳	巨門(旺) 午	天相(得) 未	天同(旺) 天梁(陷) 申
太陰(陷) 辰			武曲(平) 七殺(旺) 酉
天府(得) 卯			太陽(陷) 戌
寅	紫微(廟) 破軍(旺) 丑	天機(廟) 子	亥

命

天機坐命丑、未宮的人，本命天機居陷，但是遷移宮中有居旺的天梁星，一生因人而貴，因人而生活舒適。在他的環境中就是有貴人照顧、扶助而生存的。其人的財、官二位是天同和巨門，完全沒有財星。而武曲財星在子女宮，天府庫星在父母宮是紫府同宮，太陰財星在福德宮，只要福德宮的太陰財星居旺，便一生享用不盡了。所以天機坐命丑、未宮的人，你的財完全在家人父子傳承之中。

天機坐命丑、未宮的人

		遷	
巨門(旺) 巳	廉貞(平) 天相(廟) 午	天梁(旺) 未	七殺(廟) 申
貪狼(廟) 辰			天同(平) 酉
太陰(陷) 卯			武曲(廟) 戌
紫微(旺) 天府(廟) 寅	天機(陷) 丑	破軍(廟) 子	太陽(陷) 亥
	命		

		命	
太陽(旺) 巳	破軍(廟) 午	天機(陷) 未	紫微(旺) 天府(得) 申
武曲(廟) 辰			太陰(旺) 酉
天同(平) 卯			貪狼(廟) 戌
七殺(廟) 寅	天梁(旺) 丑	廉貞(平) 天相(廟) 子	巨門(旺) 亥
	遷		

天機坐命巳、亥宮的人，其遷移宮是太陰星，周圍的環境中就有財星了，但要看太陰的旺弱才能定出財的多寡。天機坐命巳宮的人，環境中是多隱藏的財，同時也是溫柔多情的環境，一生比較幸福。

天機坐命亥宮的人，遷移宮的太陰居陷，環境中的財少，也不夠溫和有情，同時此命格的人，財帛宮都是同巨俱陷落，官祿宮又是空宮，既賺不到錢，又沒有工作能力。你們的武曲財星在子女宮，天府庫星在僕役宮（朋友宮）都是閒宮，因此無用。

所有天機坐命的人，最好的就是父

天機坐命巳、亥宮的人

命 天機(平) 巳	紫微(廟) 午	未	破軍(得) 申
七殺(廟) 辰			酉
太陽(廟) 天梁(廟) 卯			廉貞(平) 天府(廟) 戌
武曲(得) 天相(廟) 寅	天同(陷) 巨門(陷) 丑	貪狼(旺) 子	太陰(廟) 亥 遷

遷 太陰(陷) 巳	貪狼(旺) 午	天同(陷) 巨門(陷) 未	武曲(得) 天相(廟) 申
廉貞(平) 天府(廟) 辰			太陽(平) 天梁(得) 酉
卯			七殺(廟) 戌
破軍(得) 寅	丑	紫微(平) 子	天機(平) 亥 命

母宮了，都有一顆紫微帝星，表示父母會照顧愛護，以及對子女有絕大的支配權，再加上天機坐命者本身奮鬥力並不強，喜歡隱蔽在父母蔭下享福，自然就形成了靠父母過日子的人生型態了。所以天機坐命者的財，應該是在於父母、長輩之處的。

天機、太陰坐命的人，遷移宮也是空宮。因本命中太陰是陰財星，命理格局也是『機月同梁』格，故以上班族、薪水階級為人生架構。若想做生意來賺錢，尋找財路，多半是斷羽而歸，少有成功的。

機陰坐命寅、申宮的人

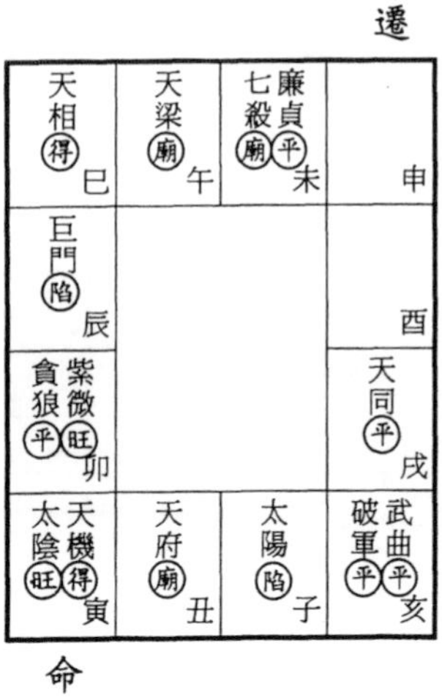

機陰坐命的人，財、官二位是天同居平和天梁居廟。官祿宮是天梁居廟，表示其事業是蔭蔽在貴人運之中的。也就是有貴人的提攜，就有良好的事業。而且這些貴人都是長輩運。因為機陰坐命的人朋友宮（僕役宮）是廉殺，朋友運不佳，朋友都是些聰明智慧不夠高，又喜歡一味蠻幹的人。倘若想和朋友合夥做生意，斷羽敗興的事情就必然會出現了。機陰坐命的人，遷移宮是空宮，表示在空茫的環境下，他們總是會賣弄自己的聰明，想做一些自以為是的幻想，這就是他們這一生會起起伏伏的原因了。機陰坐命的人，一定要受到打擊和挫折才會頭腦清醒，認識自己的財路。你的財路就是存在於父母、長輩運、名聲中的運氣。

命宮中有天梁星的人

天梁坐命的人，本身是一顆蔭星，所以在你的財帛宮中都有一顆太陰星。表示你有自己賺錢的方法去得財，而且會以官聲、名聲去得財。你對財還是有敏感力的，但是有旺弱之分。

天梁坐命子、午宮的人，遷移宮是太陽，這代表外在的運氣好壞。天梁坐命子宮的人，太陽是居旺的，代表外在環境是光明燦爛的，而且官運很好，但是這是主貴的現象，你在財帛宮中是機陰，而太陰是居平不旺的，所以運氣好並不代表財多。天梁坐命午宮的人，遷移宮是太陽居陷，代表外在的環境是晦暗不明的，運氣並不十分好。但是財帛宮卻是天機居得地之位，太陰居旺，財運雖有變化但陰財豐富。你們的官祿宮都是天同居平，這是實實在在的『機月同梁』格。從公職最佳。要是命格中再有『陽梁昌祿』格，命格的層次就會更

天梁坐命子、午宮的人

	命		
天相(得) 巳	天梁(廟) 午	廉貞(平) 七殺(廟) 未	申
巨門(陷) 辰			酉
紫微(旺) 貪狼(平) 卯			天同(平) 戌
天機(得) 太陰(旺) 寅	天府(廟) 丑	太陽(陷) 子	武曲(平) 破軍(平) 亥
		遷	

	遷		
武曲(平) 破軍(平) 巳	太陽(旺) 午	天府(廟) 未	天機(得) 太陰(平) 申
天同(平) 辰			紫微(旺) 貪狼(平) 酉
卯			巨門(陷) 戌
寅	廉貞(平) 七殺(廟) 丑	天梁(廟) 子	天相(得) 亥
		命	

提高了，公職的地位也會更提高了，像前總統李登輝先生就是天梁化祿坐命午宮的人，命格中就有『陽梁昌祿』格，在公職中就可做到總統之職，財運、錢運當然也相對提高了。

天梁坐命丑、未宮的人，其遷移宮是天機陷落。雖然此命格的人本命居旺，但出身時的環境不佳，可能幼年無父，或家道中落，他的貴人是平輩的貴人，而且環境中常有突發的、災難的狀況出現。在整個命格中武曲財星在田宅宮，天府庫星在疾厄宮是紫府同宮，由此可見天梁坐命丑、未宮的人，還是以原始家族中的財傳承於他才擁有的財，靠自己賺取的並不算多了。

天梁坐命丑、未宮的人

命

巨門(旺) 巳	廉貞(平) 天相(廟) 午	天梁(旺) 未	七殺(廟) 申
貪狼(廟) 辰			天同(平) 酉
太陰(陷) 卯			武曲(廟) 戌
紫微(旺) 天府(廟) 寅	天機(陷) 丑	破軍(廟) 子	太陽(陷) 亥

遷

遷

太陽(旺) 巳	破軍(廟) 午	天機(陷) 未	紫微(旺) 天府(得) 申
武曲(廟) 辰			太陰(旺) 酉
天同(平) 卯			貪狼(廟) 戌
七殺(廟) 寅	天梁(旺) 丑	廉貞(平) 天相(廟) 子	巨門(旺) 亥

命

天梁坐命巳、亥宮的人，其遷移宮是天同居廟，這是十分平和享福的環境，因此造成他們奮鬥力上的不足，其財帛宮是日月同宮，官祿宮是空宮，武曲財星和天府庫星同宮在疾厄宮是閒宮，因此無力。天梁坐命巳宮的人，財帛宮的太陰居廟。因此可見財帛宮的太陰居廟時，其人所擁有、運用的錢財會較多，這是自己賺的財，別人全幫不上忙了。

陽梁坐命的人，財帛宮是太陰星，官祿星是空宮，有同巨相照。這是『機月同梁』格，其遷移宮是空宮，環境空茫，情況不明，必須做公職、薪水族，自己賺自己的財。

天梁坐命巳、亥宮的人

遷 巳	午	未	申
天同(廟) 巳	武曲(旺) 天府(旺) 午	太陽(得) 太陰(陷) 未	貪狼(平) 申
破軍(旺) 辰			天機(旺) 巨門(廟) 酉
卯			紫微(得) 天相(得) 戌
廉貞(廟) 寅	丑	七殺(旺) 子	天梁(陷) 亥 命

命 巳	午	未	申
天梁(陷) 巳	七殺(旺) 午	未	廉貞(廟) 申
紫微(得) 天相(得) 辰			酉
天機(旺) 巨門(廟) 卯			破軍(旺) 戌
貪狼(平) 寅	太陽(陷) 太陰(廟) 丑	武曲(旺) 天府(廟) 子	天同(廟) 亥 遷

陽梁坐命的人

太陰(陷) 巳	貪狼(旺) 午	天同(陷) 巨門(陷) 未	武曲(得) 天相(廟) 申
廉貞(平) 天府(廟) 辰		命	太陽(平) 天梁(得) 酉
遷 卯			七殺(廟) 戌
破軍(得) 寅	丑	紫微(平) 子	天機(平) 亥

天機(平) 巳	紫微(廟) 午	未	破軍(得) 申
七殺(廟) 辰			遷 酉
太陽(廟) 天梁(廟) 卯	命		廉貞(平) 天府(廟) 戌
武曲(得) 天相(廟) 寅	天同(陷) 巨門(陷) 丑	貪狼(旺) 子	太陰(廟) 亥

機梁坐命的人，遷移宮也是空宮，財帛宮是同陰，官祿宮也是空宮，也必須自己去在空茫的環境中賺自己的財。遷移宮、官祿宮中有祿星時，賺錢就會多了。你的財也會因自己的運作得法而增多。

機梁坐命的人

紫微(旺) 七殺(平) 巳	午	未	申
天機(平) 天梁(廟) 辰	命		廉貞(平) 破軍(陷) 酉
天相(陷) 卯			遷 戌
太陽(旺) 巨門(廟) 寅	武曲(廟) 貪狼(廟) 丑	天同(旺) 太陰(廟) 子	天府(得) 亥

天府(得) 巳	天同(陷) 太陰(平) 午	武曲(廟) 貪狼(廟) 未	太陽(得) 巨門(廟) 申
遷 辰			天相(陷) 酉
廉貞(平) 破軍(陷) 卯			天機(平) 天梁(廟) 戌 命
寅	丑	子	紫微(旺) 七殺(平) 亥

命宮中有太陽的人

太陽坐命的人，命格主體也是以『機月同梁』格為主的，但太陽坐命也同時是『陽梁昌祿』格的主星，因此太陽坐命的人，其實是很容易形成『陽梁昌祿』格而主貴的。所以命格中有貴格的人和沒有貴格的人在賺錢的型態上會差很多。不過，同樣還是在『機月同梁』的範圍之內罷了。一種是從公職走官貴之途，一種就是做薪水族的固定模式。

太陽坐命子、午宮的人，遷移宮是天梁居廟，表示周圍環境中的貴人多，

太陽坐命子、午宮的人

遷（午）

天相(得) 巳	天梁(廟) 午	廉貞(平) 七殺(廟) 未	申
巨門(陷) 辰			酉
紫微(旺) 貪狼(平) 卯			天同(平) 戌
天機(得) 太陰(旺) 寅	天府(廟) 丑	太陽(陷) 子	武曲(平) 破軍(平) 亥

命（子）

命（午）

武曲(平) 破軍(平) 巳	太陽(旺) 午	天府(廟) 未	天機(得) 太陰(平) 申
天同(平) 辰			紫微(旺) 貪狼(平) 酉
卯			巨門(陷) 戌
寅	廉貞(平) 七殺(廟) 丑	天梁(廟) 子	天相(得) 亥

遷（子）

而且是以名聲為重的主要賺錢方式。其人的財帛宮是空宮，官祿宮是巨門居陷，表示工作場所是非多，競爭激烈，財的方向不是很明確，所以必須靠名聲的建立，再有貴人的引導而賺得到錢財。

太陽坐命辰、戌宮的人，其遷移宮是太陰星，表示環境中就暗藏有財了，以太陽坐命辰宮居旺的人，其所接觸的財較多，但是他們的財帛宮是巨門，官祿宮是空宮，賺錢仍不是很順利的，取財時是非、爭鬥仍很激烈。所以財旺的程度也並不高，只是比相同是太陽坐命者的財多一點。仍是以固定的薪水族為取財的方式。

太陽坐命辰、戌宮的人

廉貞(陷) 貪狼(陷) 巳	巨門(旺) 午	天相(得) 未	天同(旺) 天梁(陷) 申
遷 太陰(陷) 辰			武曲(平) 七殺(旺) 酉
天府(得) 卯			太陽(陷) 戌 命
寅	紫微(廟) 破軍(旺) 丑	天機(廟) 子	亥

巳	天機(廟) 午	紫微(廟) 破軍(旺) 未	申
命 太陽(旺) 辰			天府(旺) 酉
武曲(平) 七殺(旺) 卯			太陰(旺) 戌 遷
天同(平) 天梁(廟) 寅	天相(廟) 丑	巨門(旺) 子	廉貞(陷) 貪狼(陷) 亥

太陽坐命巳、亥宮的人，其遷移宮是巨門居旺，表示其人的環境中就是熱鬧滾滾、是非口舌多、爭鬥不停的環境。其財帛宮是天梁，官祿宮是太陰，表示爭鬥雖多，但在工作中可賺到一定的財，也是以薪水族為取財的方式。

太陽坐命的人，是官星坐命的人，其『命、財、官、遷』總離不開巨門星，這就表示太陽坐命者在取財之道上，是離不開政治性的鬥爭的，也因為有這些爭鬥，太陽坐命者才能鞏固自己的地位，而太陽坐命者只能取一般的財，服務人群的財罷了。

陽梁坐命的人和日月坐命的人前面

太陽坐命巳、亥宮的人

遷			
巨門(旺) 巳	廉貞(平) 天相(廟) 午	天梁(旺) 未	七殺(廟) 申
貪狼(廟) 辰			天同(平) 酉
太陰(陷) 卯			武曲(廟) 戌
紫微(旺) 天府(廟) 寅	天機(陷) 丑	破軍(廟) 子	太陽(陷) 亥
			命

命			
太陽(旺) 巳	破軍(廟) 午	天機(陷) 未	紫微(旺) 天府(得) 申
武曲(廟) 辰			太陰(旺) 酉
天同(平) 卯			貪狼(廟) 戌
七殺(廟) 寅	天梁(旺) 丑	廉貞(平) 天相(廟) 子	巨門(旺) 亥
			遷

談過了。現在來談陽巨坐命的人。

陽巨坐命的人，其遷移宮是空宮，財帛宮也是空宮，官祿宮更是空宮。在『命、財、官、遷』中，只有命宮有官星，而且還不是財星，其人的環境是空茫一片，財運、工作運皆是空茫一片，顯而易見的財星和庫星一定在閒宮了，太陰財星和天同福星在夫妻宮，天府庫星在子女宮，所以陽巨坐命者要賺錢，就要靠兄弟、配偶、子女的協助才能賺得到較多的財了。他自己是沒有什麼方法多取財的了。

陽巨坐命的人

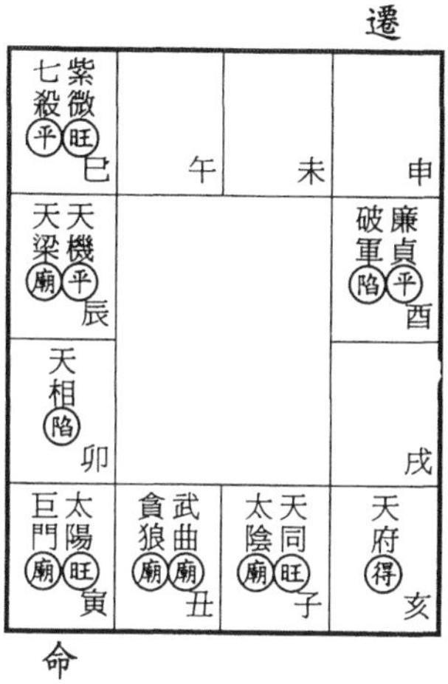

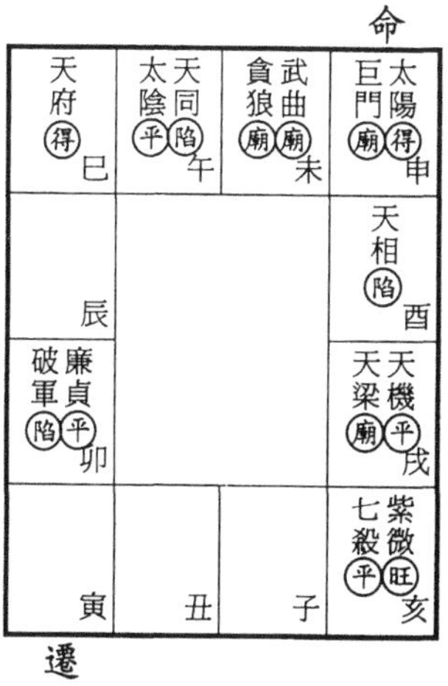

命宮中有巨門星的人

巨門坐命的人，命格主體也是『機月同梁』格，要看遷移宮中的變化和財星的落座何宮，才能找到他的財路在何方？

巨門坐命子、午宮的人，其遷移宮是天機居廟，表示外界的環境變化多而迅速，但容易朝向好的變化。他的財帛宮是空宮，官祿宮是太陽，這表示此命格的人必須很努力的工作，否則看不到財。他們的太陰星在夫妻宮，這不但表示配偶是儲存財力的助力，並且表示其人內心在對環境中暗藏的財路方面有敏感的體會。這一點是巨門坐命者的特殊敏感功能，其他命格的人，

巨門坐命子、午宮的人

遷

巳	天機(廟) 午	紫微(廟) 破軍(旺) 未	申
太陽(旺) 辰			天府(旺) 酉
武曲(平) 七殺(旺) 卯			太陰(旺) 戌
天同(平) 天梁(廟) 寅	天相(廟) 丑	巨門(旺) 子	廉貞(陷) 貪狼(陷) 亥

命

命

廉貞(陷) 貪狼(陷) 巳	巨門(旺) 午	天相(得) 未	天同(旺) 天梁(陷) 申
太陰(陷) 辰			武曲(平) 七殺(旺) 酉
天府(得) 卯			太陽(陷) 戌
寅	紫微(廟) 破軍(旺) 丑	天機(廟) 子	亥

遷

是無法體會的。

高雄市長謝長廷就是巨門坐命子宮的人，遷移宮中有天機化權，這種多變又能主控環境中變化的命格，使他在政治環境中步步高陞。

巨門坐命辰、戌宮的人，其遷移宮是天同居平，本命居陷，再加上環境溫和，沒有衝擊，所以他們是和同巨坐命的人一樣，是在溫和環境中製造是非和事件以口才得財的人。其財帛宮是太陽星，官祿宮是空宮，財星全在閒宮，不在本人的『命、財、官』之上，所以他也是因人而得財的人，尤與夫

巨門坐命辰、戌宮的人

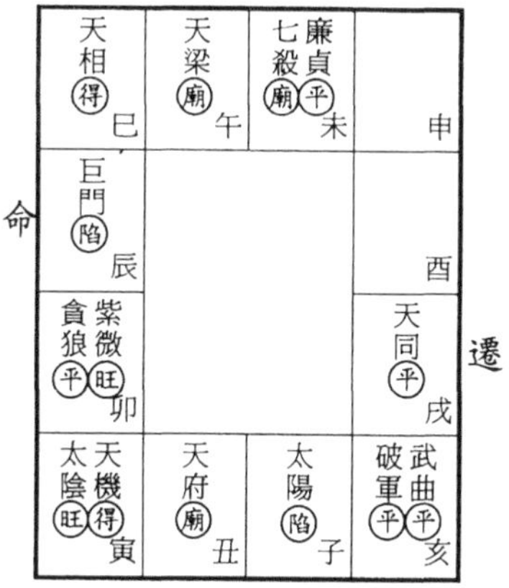

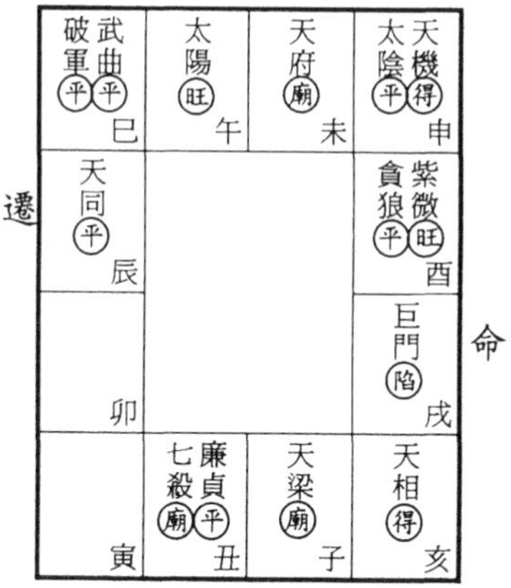

妻宮的機陰最為顯著。配偶會為他帶來大財富，他的財就在配偶之處。前總統夫人曾文惠女士就是巨門坐命辰宮的人。

巨門坐命巳、亥宮的人，其遷移宮是太陽。命坐亥宮，遷移宮的太陽是居旺的。命坐巳宮，遷移宮的太陽是居陷的。這就形成環境中的明度和暗度之分了。太陽居旺的，當然環境中前途比較好，心情愉快，也看得到錢途。太陽居陷時，心情較悶，人也畏縮，也看不清方向了。他們的財帛宮都是天機陷落，官祿宮都是天同居平，在『命、財、官、遷』中不見一個財星，財星存在於『夫、子、僕』等宮位，都是閒宮，故而這也是因人而得財的現象。但

巨門坐命巳、亥宮的人

命			
巨門(旺) 巳	廉貞(平) 天相(廟) 午	天梁(旺) 未	七殺(廟) 申
貪狼(廟) 辰			天同(平) 酉
太陰(陷) 卯			武曲(廟) 戌
紫微(旺) 天府(廟) 寅	天機(陷) 丑	破軍(廟) 子	太陽(陷) 亥 遷

遷			
太陽(旺) 巳	破軍(廟) 午	天機(陷) 未	紫微(旺) 天府(得) 申
武曲(廟) 辰			太陰(旺) 酉
天同(平) 卯			貪狼(廟) 戌
七殺(廟) 寅	天梁(旺) 丑	廉貞(平) 天相(廟) 子	巨門(旺) 亥 命

是在命宮中，『機月同梁』格的影響還很重，故而要賺錢，只有從公職、薪水族一途了。不過此命格的人很容易形成『陽梁昌祿』格，並且命理格局中還有『武貪格』暴發運，自己本身的命理架構不錯，所以巨門坐命巳、亥宮的人，大多數是自己賺取自己的財的，不太容易看到是靠人生活的人。

機巨坐命的人，命格架構也是『機月同梁』格，其遷移宮和官祿宮都是空宮，表示周圍的環境和工作上的奮鬥力都是空茫一片，有待加強的。只有財帛宮有一個居廟的天同，錢財只是平安順利而已。機巨坐命的人，武曲財

機巨坐命的人

天梁(陷) 巳	七殺(旺) 午	未	廉貞(廟) 申
紫微(得) 天相(得) 辰			酉（遷）
（命）天機(旺) 巨門(廟) 卯			破軍(旺) 戌
貪狼(平) 寅	太陽(陷) 太陰(廟) 丑	武曲(旺) 天府(廟) 子	天同(廟) 亥

天同(廟) 巳	武曲(旺) 天府(旺) 午	太陽(得) 太陰(陷) 未	貪狼(平) 申
破軍(旺) 辰			天機(旺) 巨門(廟) 酉（命）
（遷）卯			紫微(得) 天相(得) 戌
廉貞(廟) 寅	丑	七殺(旺) 子	天梁(陷) 亥

星和天府庫星同坐在子女宮，夫妻宮有太陽、太陰。財星集中在夫、子二宮，而不在『命、財、官、遷』，這當然自己所賺的錢就不多了，而且要經營好這兩個宮位才有錢，也算是因人得財了。子女宮也代表才華的顯現，有財星和財庫星居旺同宮，表示機巨坐命的人很有才華，並可依此而得財。機巨坐命的人通常知識水準都較高，若有『陽梁昌祿』格，學歷、成就會更增高，以才華來賺取財富就是非常簡單的事了。

凡是命格溫和的人，大都具有『機月同梁』格。命格中只有『機月同梁』格而沒有『陽梁昌祿』格或暴發運格『武貪格』、『鈴貪格』、『火貪格』來增財的話，你的財就只有在薪水中慢慢賺取，一分一毫的慢慢儲蓄了。倘若你還要想發大財、賺大錢，就可能愈弄愈糟，破耗更多，而無法收拾了。

環境中財少會使人心窮而奸詐

環境影響一個人的奮鬥力和衝勁。凶悍的環境會促使一個人的競爭能力增高，變得更彪悍，形成獨裁、霸道的領導者的姿態。倘若周圍環境再沒有財，就會變成窮凶極惡的形態了。我們可以看到在世界某些較窮困的地區，例如中東的沙漠地帶，物資資源不豐富，人民老百姓都常有奸詐、懷疑、善欺騙、掠奪性和偷竊的行為，這就是環境財少所造成對人的影響力。

環境多變會更激起人善於利用變化的機巧之心

環境多變也會造成對人的不安全感。例如巨門坐命子、午宮的人，他的遷移宮是天機居廟，所以他會製造變化，鼓動是非，創造對自己有利的環境。他的夫妻宮有太陰星，表示他能深切的體會和拿捏變化的標準，會控制對自己有利的變化時間。環境的多變雖對他造成不安全的感覺，但他可利用這感覺再創造自己的利益。

另外像太陰坐命巳、亥宮的人，遷移宮是天機居平。天梁坐命丑、未宮的人，遷移宮是天機居陷。這些命格的人，環境更多變複雜，而且是向下、向壞的方面去變化，對人很不利。當然這些命格的人內心的不安全感是非常強烈的，所以天梁坐命丑、未宮的人，在一生中會忙著找貴人，忙著彌平變化所產生的問題，忙著復建。而太陰坐命巳、亥宮的人，在一生中大都會忙著去感覺別人的情緒起伏，再來想辦法解決是非麻煩，所以是非常辛苦，但又效果不彰的。

環境中好運多會使人操勞不斷

環境中機會多的人，也總是比較貪心，也比較操勞，無福可享，一生兢兢業業，著力於工作，很難放鬆自己。當然他們相對的在事業成就上，錢財的獲得上會比較多。例如紫微坐命子、午宮的人，和武曲坐命辰、戌宮的人，以及廉貞坐命寅、申宮的人，其遷移宮都有一顆貪狼星，其福德宮都會有一顆破軍星。貪狼是好運星，也代表機會多、人緣好。所以上述這些命格的人，在『命、財、官』都會有財星、庫星出現而且居旺，比一般人富足的多。

只要『命、財、官』、『夫、遷、福』幾個宮位中出現貪狼星，就表示此人的內心都是非常貪心、貪得無厭的。就是因為有這些貪念，所以他們會奮力去得到自己所想要的利益和成就，再加上機會好、時機對、而促成了他們霸業成就的形成。也因為機會的應接不暇，所以他們都是很操勞不停，捨不得放棄任何機會的人。環境中太好、太多的機會，促使了他們選擇了忙碌的人生。

環境中爭鬥多，會使人更寬容、更會原諒自己

環境中多是非、爭鬥的人，在他的本性中都有一顆寬懷大肚的氣量，為人會比較散慢、懶惰和不積極。例如天同坐命辰、戌宮的人的遷移宮是巨門陷落，是非、爭鬥多，環境很不好了。他本身是福星坐命的人，福德宮又有一顆太陽星。雖然別人老找他麻煩，但他寬容別人的心是非常巨大的，這也許就是他的生存之道了。

另外像天機坐命子、午宮的人，其遷移宮中是巨門居旺。這個命格的人，是善於製造是非混亂的人，而且還常有幸災樂禍的心情，他們的本性並不壞，但是喜歡看到別人因為自己的一句話而忙碌了半天，為證明自己的影響力而開心。但是往往惹了事端而無法收拾，或被人查出元凶之後痛責一頓，他很快的就可恢復自尊心，並不痛恨罵他、責備他的人，下次再繼續作亂，故態復萌。我們可以看到他們代表內在情緒的福德宮中有天同星，心地是寬廣少根筋的，也就是這個原因了。

此外像遷移宮中有廉貞星的人，環境中的爭鬥是具有陰謀性、計畫性的。在這種環境中成長的人都比較陰沈。這是貪狼坐命寅、申宮的人。他們非常愛錢，會找到比自己富有的配偶來供應自己所需。所以他們終其一生營謀的就是從配偶處所得來的錢財罷了。這個命格的人，多半比較好色。命格中，命、遷二宮有陀羅星的人會形成『廉貪陀』、『風流彩杖』格，更是好色之徒。他們不但會利用情慾關係來找到富有多金的配偶，更會利用性關係在外界環境中找財路。

我們從紫微命理的角度來看，十二個命盤格式的人全可能形成『機月同梁』格。也就是全世界上的人，都可以用賺取薪水的方式來賺錢，來養命活口，就端看你做與不做罷了。命格中多一些別的、好的格局的人，就多一些助運的企機，得財更多一點。

世界上只有懶惰的人，無用之人，才會賺不到錢，活不了命。所以每個人要賺錢，就要從自己的命格中找到利於自己生財的方向和機會，再找到促使自己奮發的原動力，能賺到更多的錢就不是難事了！

命理生活新智慧・叢書23

如何幫子女找一個好生辰

從歷史的經驗裡，告訴我們
命格的好壞和生辰的時間有密切關係，
命格的高低又和誕生環境有密切關係，
這就是自古至今，做官的、政界首腦人物、精明富有的老闆，永享富貴及高知識文化。
而平民百姓永遠在清苦的生活中與低文化的水平裡輪迴的原因。
人生辰的時間，決定命格的形成。
命格又決定人一生的成敗、運途與成就，
每一個人在受孕及出生的那一剎那已然決定了一生！
很多父母疼愛子女，想給他一切世間最美好的東西，但是為什麼不給他『好命』呢？
『幫子女找一個好生辰』就是父母能為子女所做，而很多人卻沒有做的事，有智慧的父母們！驚醒吧！
請不要讓子女一開始就輸在命運的起跑點上！

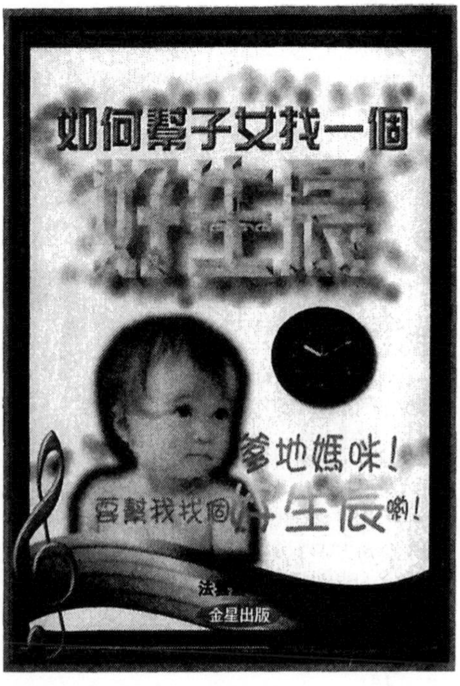

第六章　用天生的奮鬥力來賺你的財

這一章用天生的奮鬥力來賺你的財，主要談的是奮鬥力是怎樣在你命格中形成的情形，以及在助財方面的實利狀況。

代表天生奮鬥力的有二種情形，一種是命格中殺、破、狼所在的位置好，在命、財、官、夫、遷、福之中。另一種就是看官祿宮中是否有財星、運星、煞星居旺了。

先談第一種：

通常我們都知道，命宮主星是殺、破、狼的人，而且主星居旺的話，就是具有天生奮鬥力的人。但其實有天生奮鬥力的人是不只這些人的。我在研究中發現：在『夫、遷、福』三宮位中形成『殺、破、狼』格局的人，事實上也同樣具有奮鬥力。

因為七殺、破軍、貪狼等坐命的人在前面已經談過，所以現在以『夫、遷、福』有七殺、破軍、貪狼等星的人的命格來談起，『夫、遷、福』有『殺、破、狼』的人有以下的命格：

單星坐命的人：天相坐命的人、天府坐命的人、紫微坐命的人、武曲坐命的人。

雙星坐命的人：紫相坐命的人、廉相坐命的人、武相坐命的人、紫府坐命的人、武府坐命的人、廉府坐命的人。

空宮坐命的人：空宮坐命有紫貪相照的人、空宮坐命有武貪相照的人、空宮坐命有廉貪相照的人。

天相單星坐命的人，會坐命於丑、未、卯、酉、巳、亥等宮。每一種命格的『夫、遷、福』都不一樣。

例如天相坐命丑、未宮的人，夫妻宮是廉貪俱陷落。遷移宮是紫破居旺。

福德宮是武殺。天相坐命卯、酉宮的人，其夫妻宮是武貪皆在廟位。遷移宮是廉破居平陷之位。福德宮是紫殺。天相坐命巳、亥宮的人，夫妻宮是紫貪，遷移宮是武破，福德宮是廉殺。

天相坐命者的夫妻宮都有一顆貪狼星，遷移宮都有一顆破軍星，福德宮都有七殺星，這表示他們命格中的奮發原動力是由內心的想望、貪念，再由於環境中的破耗、匱乏的環境而形成必須努力的現象，所以他們自身是必須努力的，因而造就了他們的奮鬥力。

天相雙星坐命的人，如**紫相坐命的人**，夫妻宮是貪狼居平，遷移宮是破軍，福德宮是七殺。**廉相坐命的人**，夫妻宮是貪狼居廟，遷移宮是破軍居廟，福德宮是七殺居廟。**武相坐命的人**，其夫妻宮是貪狼居旺，遷移宮是破軍，福德宮是七殺居廟。由此可見，雙星坐命的人，在『夫、遷、福』中的殺、破、狼等星大多在旺位、廟位，其奮鬥力是高出天相單星坐命的人很多出來了。所以他們的『命、財、官』也相對的很好，不但有財星、庫星、帝座、福星的出現，在整個命理架構上也會非常完整，結構踏實，其奮鬥力真正的輔助了財富的獲得。

天府單星坐命的人，會坐命於丑、未、卯、酉、巳、亥等宮，每一種命格的『夫、遷、福』也都不一樣。

例如：天府坐命丑、未宮的人，其夫妻宮是武破，雙星居平陷之位。遷移宮是廉殺，福德宮是紫貪，六顆星中有四顆居平位。

天府坐命卯、酉宮的人，夫妻宮是紫破，遷移宮是武殺，福德宮是廉貪。『夫、遷、福』中六顆星有三顆星居平陷之位。

天府坐命巳、亥宮的人，夫妻宮是廉破，遷移宮是紫殺，福德宮是武貪。『夫、遷、福』中六顆星有三顆星居平陷之位。

天府坐命者的夫妻宮都有一顆破軍星，遷移宮都有一顆七殺星，福德宮都有一顆貪狼星。這表示在他們的命格中奮發的原動力也來自本性中的貪念，再由內心中感覺到破耗、匱乏、不完美而引動，間接在環境中找到出力點，而形成奮發、活動的現象。

天府雙星坐命的人，如**紫府坐命的人**，夫妻宮是破軍居廟，遷移宮是七殺居廟，福德宮是貪狼居廟。**武府坐命的人**，其夫妻宮是破軍居旺，遷移宮是七殺居旺，福德宮是貪狼居平。**廉府坐命的人**，其夫妻宮是破軍居得地位（剛合格），遷移宮是七殺居廟，福德宮是貪狼居旺。由此可見天府雙星坐命的人，其慾念引發成奮鬥力的過程是比天府單星坐命的人來得強烈轟動，因此人生在賺取財富所得的價值也高出許多出來。

紫微坐命的人和武曲坐命的人，在得財的奮發力上有相同的心路歷程。例如他們的夫妻宮都是七殺居廟，遷移宮是貪狼在旺位或廟位，福德宮是破軍星。這表示紫微坐命者和武曲坐命者都同樣是在環境好、運氣好、機會多的情況下引起貪念的，由此再觸動他們內心更貪多的匱乏感，和內心好動的競爭心，而達到奮發的力量。所以他們在奮發力量形成的原始結構和別人是不一樣的。同時也會因為在他們的『命、財、官』中，財星、財庫星、帝星、好運星分佈的位置比較好，而在取財的路途上是特別順利而又豐厚的。

空宮坐命，對宮有紫貪、廉貪、武貪相照的人，雖然『夫、遷、福』也在『殺、破、狼』格局之上，其奮鬥力是不算強的。因為首先一個人的主腦命宮就空了，縱然遷移宮有好運，例如有武貪相照，內心很想動（夫妻宮是紫殺），但實際動不了，身體不想動（福德宮是廉破）。所以空宮坐命有武貪相照的人，他的打拚奮鬥力量是起起伏伏的，隨境遇而變化的，這可由他的財、官二位就可看得出來。他的財帛宮是天相居陷，官祿宮是天府居得地之位。表示錢財和工作，是在一種保守的層次、很低的薪水族的境遇下生活的。

空宮坐命有紫貪相照的人和空宮坐命有廉貪相照的人，這兩個人的財、官二位也同樣是天相、天府，只是很平順的薪水階級罷了。

由官祿宮來看奮鬥力來賺你的財

官祿宮一向在紫微命理中代表一個人的智慧，也代表一個人的奮鬥力量和打拚能力。所以官祿宮好的人，事業就會好。官祿宮有財星的人，工作上就接近財，和財有緣，也會因工作努力而賺到錢。

廉相坐命的人，官祿宮就是正財星武曲居廟。財帛宮是紫府。這個人一生在錢財中打轉，通常他們會在金融機構任負責人的高官，做公職或高薪之人，賺錢十分容易。他的『夫、遷、福』也正好坐在『殺、破、狼』格局之上，這就一點不假了吧！

武相坐命的人，官祿宮是紫微。這也是智慧高，又穩重主貴的工作能力。財星在本命之中，而其人的財帛宮是廉府，庫星在財帛宮中。此人在工作上雖不及廉相坐命的人賺錢多，但也是高高在上，貴為一等的地位了。他的『夫、遷、福』中也同樣形成『殺、破、狼』。

紫相坐命的人，官祿宮是廉貞居廟。這也是智慧高，有營謀能力，善於佈屬、策劃，喜歡用腦的工作能力。其財帛宮是武府，財星和庫星皆在財帛宮之中，表示善於理財、經營錢財、使之增多歸庫之事。紫相坐命者，紫微官星就在命宮，容易做公職、賺高薪，有特殊的專業才能，可由自己的策劃營謀而得財，在他的『夫、遷、福』中也是『殺、破、狼』的格式。

官祿宮有財星、紫微星的人當然奮鬥力好，賺錢容易是沒話說的了。但如果官祿宮是一些溫和的星，如天同、天相、天機、太陰、太陽、天梁，或者有巨門星的人，情況會如何呢？

凡有上述等星在官祿宮的人，在本命結構中肯定是『機月同梁』格的人，也就是必須以薪水族為一個人生架構了。但要從奮鬥力方面來賺錢，就必須要看官祿宮主星的旺弱。不過像天同這個福星，具有懶惰、溫和、享福的特質，就算是居於廟位也是奮鬥力不算強的。天相星是勤勞的福星，居於廟位，是辛勤有成的奮鬥力，倒是不容忽視的。

天機居廟在官祿宮時，你是同梁坐命寅、申宮的人，你會在工作上機智、聰敏，而且有機運，會在變化中得貴人相助而成功。命坐寅宮的人，貴人運會更好，賺的錢會更多。這是因人而貴的運氣。

太陰單星居廟在官祿宮時，這是空宮坐命未宮有同巨相照的人，為人很聰明，但奮鬥力屬於陰柔面，而且是靠女人生暗財。在此命格中有幾種命宮主星的人，如昌曲坐命未宮的人、有天鉞坐命未宮的人、有擎羊坐命未宮、有陀羅坐命未宮、有火星坐命未宮、有鈴星坐命未宮、有左輔、右弼同坐命未宮等命格的人，他們的遷移宮都是同巨。代表出生的環境中就多是非麻煩。

但其中昌曲坐命未宮，又有左輔、右弼相夾的人，就是『明珠出海』格的貴格，此人會長得漂亮俊秀，得妻財、妻助，因女子而貴的命程。當然在事業上也會有一帆風順的際遇。只不過這種奮鬥力是平和、隱藏性的，並不特別突出罷了。

太陰單星居旺的事業宮的人有兩種人。一種是太陰在酉宮居旺為官祿宮時，這是太陽坐命巳宮的人。另一種是太陰在戌宮居旺為官祿宮的人，這是天機坐命午宮的人。此外官祿宮有天機居得地位和太陰居旺同宮的人是天同坐命戌宮的人。這三種人都是『機月同梁』格的命格主體，所以奮鬥力算不上很強的人。只有普通的努力而已，故錢財的賺取也以溫和、平順為主要進帳方式。

官祿宮有太陽、天梁的人，都同樣是『機月同梁』格的賺錢形式，若能形成『陽梁昌祿』格的人，就會賺錢更多一點，奮鬥力會因讀書考試的路徑得到發揮的方向。

官祿宮有巨門居旺的人，競爭心會比較強。這同樣也是促進奮發力的動力。其實夫妻宮有巨門星的人更是具有競爭心的人，也更具有奮發力。

例如天機坐命丑、未宮的人，他的心機較深沈，競爭心強，就是促進他奮發的原動力。又如空宮坐命寅、申宮有同梁相照的人，其官祿宮也是巨門居旺，也是善於競爭，奮發力強盛的人，在這個命格中的例子，就是東北王張作霖先生是陀羅坐命申宮，有同梁相照的命格了。

此外，**夫妻宮有巨門星也同樣是善於心機深沈和競爭的人**，尤其巨門愈陷落，心機就更深沈險惡，善於鬥爭，這也是一種奮發的原動力。就像天梁坐命子、午宮的人，其夫妻宮是巨門陷落，內在的情感思想常是非糾結、爭鬥不停，所以他們的福德宮是空宮，是煩惱多，無福可享的。前總統李登輝先生就是天梁化祿坐命午宮的人，夫妻宮是巨門陷落。他就曾跟媒體談到從政以來，每天都在鬥爭，沒有一天閒過。這也是命格如此，才有這種奮發力站上高位的原因。

第七章　用六親關係來賺你的財

在這一章中用六親關係來賺你的財，主要談的是如何利用好的父母宮、兄弟宮、夫妻宮、子女宮、僕役宮來賺你的財。

通常命格強的人，或是本身財旺的人，六親關係都不算好。他們本身就有財力，也用不著靠六親關係來賺錢生財。而命格溫和的人，命格架構又是『機月同梁』格的人，就比較要用到以六親關係來賺你的財了。

用六親關係來賺你的財，其正面的意義，也就是告訴你說，你的人生主體架很可能是以家庭為中心的人生主體。也就是說，在人生的過程中，你多半是以親情、友情為重的人生架構。你沒辦法像某些人一樣用兇悍霸道的方式去強力奮戰來賺錢。你的人生資源在於感情的付出和流通，所以你的財就在六親關係中可尋得了。

用父母運、長輩運來賺你的財

父母運、長輩運就是觀看自己命盤中的父母宮的好壞而定的。父母宮有吉星、財星居旺的，就是具有父母運和長輩運的人。

天機坐命的人都有很好的父母宮，父母宮中都有一顆紫微星。不論是天機單星坐命的人，亦或是機陰、機梁、機巨坐命的人都可以從父母輩得到良好遺傳和財產。同時他們在外面的長輩運也很好，會得到上司和老闆的喜愛而重用，這就形成貴人運了。

尤其是**天機坐命丑、未宮的人**，本命居陷，但父母宮是紫府，他的遷移宮是天梁居旺，一生受長輩、父母的照顧。其實他的財是真正來自父母的。天機坐命丑、未宮者，因為受父母太多的照顧與兄弟不和，但是他們的朋友運還不錯，是廉相。子女宮是武曲。子女宮代表才華的展現，因此他們的才華是很不錯能生財的。此命格的人，在『父、子、僕』一組的三合宮位為最佳的人生架構。財星、庫星全在『父、子、僕』中，當然他的人生重要資源也在這裡。要賺錢、要得到財也就要從這裡著手了。

天機坐命巳宮的人，父母宮是紫微居廟。**天機坐命亥宮的人**，父母宮是紫微居平。父母宮都不錯，有長相體面、受人敬重的父母。但是在財祿環境上以及情緣深淺上，對天機坐命巳、亥的人來說各有不同。天機坐命巳宮的人，與父母的情緣更深，父母會捨身為他做任何事情，在內心的心態上也是極為偏袒護短的心態。並且此人的父母給他的物質條件和情感上的鍾愛是高於所有人的。天機坐命亥宮的人，與父母的緣份雖然也不錯，但因紫微居平，父母給他的愛和物質條件是無法和父母宮是紫微居廟者來相比擬的，只是和一般人一樣罷了。

天機坐命巳、亥宮的人的『命、財、官』的星都是陷落或空宮（本命天機居平，財帛宮是同巨，雙星俱陷落，官祿宮是空宮），只有『父、子、僕』一組的三合宮位較好，有帝座、財星、庫星，所以他們就要靠家人的力量和人際關係的力量來賺錢得財了。當然最直接有幫助的就是父母了，而且他們在外面碰到長輩、師長、年紀比他們大一點的朋友都會對他們有好感而幫助他們，賺錢就不是難事了。

父母宮有殺、破、狼等星的人，和父母的感情都不好。但是有紫破、紫殺、紫貪在父母宮的人，與父母雖然仍有些距離，不好溝通，但感情不至於惡劣，而且父母還是會幫助他們、照顧他們，只是在這些子女的心態上總以為父母高高在上，對他們有控制權，而不想親近父母、長輩罷了，但是在另一種心態上，他們仍要依賴父母，所以就形成很微妙的關係了。

父母就有紫破的人，代表父母親是外表體面，性格爽朗，不拘小節，管教子女很隨性的人。他們要求子女很嚴格，要有高標準，重視地位、門第，但父母本身都是出身或學歷並不算好的人，所以子女常有反叛心、反傳統、反禮教的心態。父母和子女不和由此而起，是觀念不一樣所致。這是天機坐命子、午宮的人，會有紫破的父母宮。他們會和父母常有咀嚼相剋，但是天機坐命子、午宮的人，在命格中最好的宮位就是父母宮紫破了，所以他們又離不開父母，父母會花很多錢在他們身上，這是再好也沒有的事了。所以天機坐命子、午宮的人，縱然常和父母爭吵不和，但也不會忘了父母仍然是他們的財神爺，要錢時仍會乖一點。此命格的人也會得到父母給的房地產。他的財仍是在父母之處才能得到。

父母宮是紫貪的人，是機陰坐命寅、申宮的人。其父母是外面長相體面，人緣還不錯，喜歡講究外觀好看、體面、好大喜功的人。他的父母也是在做人處世上講究門第、地位，喜歡粉飾太平，不重實際，性情急躁、善變。但他們的思想頻率和機陰坐命的人不一樣，因此也是無溝通，有思想和價值觀的差距。所以機陰坐命的人和父母是若即若離，但也離不開他們的。因為有帝座在父母宮，父母對他們有某種程度的權威和控制力，也會給他們房地產和資助錢財。

父母宮是紫殺的人，是機梁坐命的人，其父母是外表長相體面，有威嚴，而且是忙碌而打拚的人。父母較少有時間和子女溝通，家中的氣氛以相安無事為妙。機梁坐命的人通常和母親感情較好一點，因為本命中天梁居廟，代表與女性長輩相合的。機梁坐命的人，也因為在命格中『父、子、僕』這一組宮位是強宮，有紫殺、武貪、廉破在三合宮位中相互角力。帝座、財星、好運星皆居廟旺之位，和廉貞、破軍、七殺皆居平陷之位的三顆星來角力爭鬥。在機梁坐命者的命格中，父母宮是還算最不錯的，所以他們雖和父母之一有相剋的情形，但仍會依賴父母而得利。

由上述三種具有紫破、紫貪、紫殺的父母宮的人的命格來看，這些人的命宮中都有一顆天機星，自己本性就善變、有古怪，但又脫離不了父母、長輩的照顧，他們的財依然寄託在父母、長輩的蔭庇下才能得財較多。

父母宮有財星居旺的人，也是靠父母長輩來賺自己的財的人

例如：

天同坐命巳、亥宮的人，父母宮是武府。武曲財星和天府庫星同在父母宮，表示父母很有錢，至少比天同坐命巳、亥宮的人有錢。他的父母是性格剛直的人，也會在金融機構或在容易賺錢的地方任職，或做高階公務員，薪

水很多。他的父母性格很剛直、謹慎，善於理財，很會計算錢財。父母也會在子女的教育上投資很多，親子關係是不錯的。天同坐命巳、亥宮的人，本命是『機月同梁』格，是公職和薪水族為主的人，他們常有機會成為父傳子，承襲衣缽，接替父親輩的好職業而賺錢。除非自己的命格比父輩的強，『命、財、官』有『祿、權、科』和祿存，或有主貴的『陽梁昌祿』格，來高出父親命格很多，則會自己打天下。

天同坐命巳、亥宮的人，也是以『父、子、僕』這一組三合宮位為命格中的強宮，是武府、廉貞居廟，紫相。所以天同坐命巳、亥宮的人也完全是『因人而貴』，要靠人際關係中，長輩的力量、朋友的力量而得財的人了。

天同坐命卯、酉宮的人，父母宮是武曲居廟。父母宮有財星居廟，表示父母比自己有錢。同時也表示父母是性格剛直、強硬、重諾言的人，不好講話。並且父母間的相處也會是政治性較濃厚，父母也可能在政治、金融、環境中工作。天同坐命的人性格溫和，有些懶惰，在他們內心的感觸中，父母比較兇悍、強硬、速度快，和他們慢吞吞的性格常有衝突。通常天同坐命卯、酉宮的人都是挨罵的機會多。天同坐命卯宮的人生長環境比較富裕，得到的待遇好一點。不過天同坐命者性格軟弱，官祿宮又是天機陷落，工作能力不佳，因此他們是靠父母養活而得財的人。

同陰坐命的人，父母宮是武貪。雙星皆居廟位，而且父母宮就是『武貪格』，只要沒有擎羊、陀羅、化忌、劫空來破格，就能形成暴發運。同陰坐命的人本性溫和，但父母對他們管制嚴格，父母是剛烈、脾氣暴躁，說一不二的人，雖然父母有錢會供給他們，也會給他們家產，但父母的管教和急躁的心性，從不能和同陰坐命者的心性契合。因為同陰坐命的人是注重情感的流通，用敏感纖細的感覺神經去處理事情的人。他們是重情不重理的人，和父母鐵面無私，嚴格、重紀律、不講情面的管教是不相容的。所以他們和父親的衝突是屢見不鮮的，和母親的感情還好一點。

同陰坐命者的命格中的強宮也是『父、子、僕』三宮，這三宮也是有武貪、廉破、紫殺等星在裡面。既然有正財星武曲居廟和好運星貪狼居廟在父母宮，父子關係雖然不合，只要沒有擎羊和劫空、化忌來造成父子的生離死別。同陰坐命者就還是會依賴父母而賺錢得財的。

同巨坐命的人，父母宮是武相。這是最好依賴父母運來得財的人了，因為同巨坐命者本身的『命、財、官』都不好，有空宮或陷落了。而命格中的強宮就是『父、子、僕』三宮，是武相、廉府、紫微。財星、庫星、帝座全在『父、子、僕』中，父母是有錢還溫和的人，同巨坐命的人本身沒有能力在賺錢和工作方面，所以都是依賴家人的多，一輩子靠父母、配偶、子女而生財。所以父母就是他一生的經濟主要來源之一了。

同梁坐命的人是最靠不到父母的人，因為父母宮是武殺、武曲財星居平，七殺居旺。表示父母較窮，而且凶，終日忙碌、情緒不佳，而且會因生活困苦早亡。同梁坐命的人，要不是很幼小年紀就離開家，要不就是父母輩中少一人，有生離死別之苦，這兩種情形都是緣份淺的。因為他們的『父、子、僕』這一組三命宮位中陷落的星多，是武殺、廉貪、紫破，所以不佳。父母輩和親人對他們的幫助是不大的，他們也較難得到父母的財和長輩的財。

父母宮有天梁星居旺的人，可以間接賺到你的財

父母宮有天梁星居旺的人，可以間接賺到你的財。這個意思就是說：父母宮有天梁居旺的人，會得到父母、長輩的照顧，可以在人生成就上有發揮，而間接賺到了你的財。

目前有一個最明顯的例子，就是台灣新當選的民選總統陳水扁先生了。他是廉相坐命子宮的人。父母宮是天梁居旺、鈴星、天空。雖父已亡，但母親健在，而且是天梁居旺在父母宮的人。這顆天梁星雖有鈴星和天空星在刑剋，但仍不失作用。主要因為天梁星是重量級主星又居旺，鈴星是時系星，天空是次級星，天梁星壓得住陣腳之故。因此在重要的時刻，天梁這顆蔭星、復建之星就會發揮作用了，能得到長輩前總統的暗中支持而選舉獲勝。再加上陳水扁先生在庚辰年逢武曲化權的流年運程好，又具有『武貪格』中武曲化權的強力的暴發運，這場選舉的勝利，也會為他帶來更大的財富。

父母宮是天梁居旺的人，容易和長輩型、年紀較自己為長的人有緣份，

總統陳水扁先生 命盤

遷移宮 太陽化祿 天刑 孤辰 辛巳	疾厄宮 破軍 壬午	僕役宮 天機 陀羅 天鉞 癸未	財帛宮 紫微 天府 祿存 天馬 甲申
官祿宮 武曲化權 台輔 庚辰	陽男 火六局		子女宮 太陰化忌 擎羊 地劫 天姚 乙酉
田宅宮 天同化科 己卯	命主：貪狼 身主：天梁		夫妻宮 貪狼 陰煞 丙戌
福德宮 七殺 文曲 右弼 天才 戊寅	父母宮 天梁 鈴星 天空 天魁 己丑	命宮 廉貞 天相 左輔 封誥 戊子	兄弟宮 巨門 火星 丁亥

願意聽他們的意見，傳承他們的經驗，而形成對自己有利形勢，當然也就更容易得財了。

不但廉相坐命的人有天梁居旺在父母宮這種好的貴人運和父母運，另外還有一些人也具有天梁居旺在父母宮的好運，例如天相坐命巳、亥宮的人，父母宮是天梁居廟，武相坐命寅宮的人的父母宮是陽梁居廟。天相坐命丑宮的人，父母宮是同梁，天梁也居廟。天相坐命卯、酉宮的人，父母宮是天機、天梁，天梁居廟。這幾種命格的人，也都會得自父母的教導和傳承經驗，至於能轉變到得財的多寡則有層次的不同了。

上述這些命格中，**武相坐命寅宮的人**，父母宮是陽梁皆居廟位，會得到父母優良的照顧和教導，長輩運十分雄厚，倘若『父、子、僕』之一組三命宮位中再形成『陽梁昌祿』格，那此人從良好的父母運、貴人運、蔭福中所轉變而來的得財力量則是無比巨大的，並且這也是主貴的力量，因此富貴同高之事便完全在於此人傳承的家業之中了。

天相坐命巳、亥宮的人，父母宮是天梁居廟，『父、子、僕』三合宮位中是天梁、機陰、天同。這剛好是『機月同梁』格中的幾顆主要的星曜。所以天相坐命巳、亥宮所得到的傳承家業只是一般小康家庭的家業。他們得自父母輩最多的優點是家庭中和樂氣氛的營造，也就是使家庭祥和過生活的能耐。天相坐命巳、亥宮的人，都會生活在比較窮困沒錢的環境之中，但是他們會有能力去賺錢。他們的夫妻、子女關係相處的不錯，父母也會照顧他們，所以他只要把錢財弄平順了，他的人生目標便達成了。而父母運和長輩運就是支持他們的力量，這也是間接而得財的實據。

天相坐命丑宮的人，父母宮是天同居平，天梁居廟，表示父母、長輩都是老好人。對他們在金錢上的幫助不大，但是在鼓勵性、經驗性的精神支助上，以及感情溫柔面的照顧與支持上是較深刻的。因為他們給了天相坐命丑宮者一個良好的奮鬥環境，這一點我們可以由這個天相坐命者的遷移宮是紫破就可看得出來了。當然父母也會給他家產，而天相坐命丑宮的人的『父、子、僕』是天同、天梁、太陰、天機等星，又恰恰好形成『機月同梁』格，所以這是個保守的形態，也是個小康之家的形態，故而天相坐命丑宮的人所能得自父母、長輩的財，就是這麼一種小康、公務員型態的財了。

天相坐命卯、酉宮的人，本命天相陷落。父母宮是天機居平，天梁居廟。天機、天梁都不主財，因此天相陷落坐命的人，是無法直接從父母處得財的。再加上他們的遷移宮是廉貞、破軍，雙星居平陷之位。表示他們生長的環境複雜、破爛或破碎，環境十分不好。父母在財務上是沒能力幫助的，只可能在精神上鼓勵一下了。因此天相居陷坐命的人，只能靠自己，根本無法靠父母來得財了。

父母宮有太陰居旺的人，容易得到女性長輩的資助，可以賺到你的財

父母宮有太陰居旺的人，和母親的感情會較親密，同時和女性長輩的情感也濃厚，在工作場所遇到女老闆也會特別有緣。太陰不但代表一種溫柔的情感模式，同時也代表陰財、儲蓄的財，表示父母輩對你溫柔有情，也會具備一定的、豐厚的家產給你。

紫府坐命申宮的人，父母宮就是太陰居旺，會和母親的緣份深厚，也會得自父母輩豐厚的家產。紫府坐命的人，多半在幼年身體不好有缺傷，或者是家庭中有缺陷，亦可能為非婚生子女。但紫府坐命申宮的人，就會得到長

蔡萬霖先生命盤

財帛宮 天馬 己巳	子女宮 天機 文曲 庚午	夫妻宮 紫微化權 破軍 天鉞 辛未	兄弟宮 文昌 壬申
疾厄宮 太陽化忌 火星 戊辰	陽男		命宮 天府 癸酉
遷移宮 武曲化科 七殺 擎羊 丁卯	金四局		父母宮 太陰 甲戌
僕役宮 天同 天梁 祿存 丙寅	官祿宮 天相 右弼 天魁 左輔 陀羅 地劫 丁丑	田宅宮 巨門 鈴星 丙子	福德宮 廉貞化祿 貪狼 乙亥

輩祖傳之產業。一生中他的機會也不錯，長輩都溫柔對待，奮鬥的基礎點比別人好，幼時從父母輩就可得財了（可能幼時就可有房地產在名下了）。

天府坐命酉宮的人，父母宮也是太陰居旺。但是他的『父、子、僕』三宮位是『機月同梁』格的四顆星，故基本上他的父母輩是小康之家，會照顧他，讓他得財的，也是一般小康境遇的財。台灣首富蔡萬霖先生就是天府坐命酉宮的人，父母宮就是太陰居旺。在蔡先生打拚奮鬥的初期所繼承父母的財，只是比一般人略為富裕一點的財，經過他和家族長期的努力奮鬥，經營得法，而成為現今首富的規模。這主要是他命格中『父、子、僕』這一組三合宮位中有祿星相互呼應得好，再加上『夫、遷、福』中有權、祿、科星以及本人的奮鬥。而形成的。因此父母、長輩的財，在他來說是助力的財。

廉府坐命戌宮的人，父母宮是太陰居廟。表示和母親感情深厚，而且家道殷實，底子厚。廉府坐命者的『父、子、僕』三宮是太陰、空宮、陽梁。子女宮是空宮，田宅宮又有同巨。表示此人的才華平平，完全是得自祖蔭豐厚而形成的富貴。廉府坐命者的『命、財、官』中有天府庫星、紫微帝座（

財帛宮）、武曲財星和天相福星（官祿宮），所以他的財完全在自己命格主體的架構之中，父母長輩給他的財，只是做為一個基礎罷了。前副總統連戰先生就是廉府坐命戌宮的人，父母宮是太陰居廟。在連先生年輕的時候，父

連戰先生　命盤

疾厄宮 天機化權 祿存 癸巳	財帛宮 紫微 擎羊 甲午	子女宮 天姚 乙未	夫妻宮 破軍 丙申
遷移宮 七殺 陀羅 右弼 台輔 壬辰	木三局		兄弟宮 鈴星 天鉞 地劫 丁酉
僕役宮 太陽 天梁 辛卯			命宮 廉貞化忌 天府 左輔 戊戌
官祿宮 武曲 天相 天馬 陰煞 庚寅	田宅宮 天同化祿 巨門 天空 辛丑	福德宮 貪狼 文昌化科 火星 庚子	父母宮 太陰 天魁 己亥

母留下的只是家道殷實官宦人家的家產。經過多年的打拚，如今已是數百億家產的富豪了。很多人都說他是含著金湯匙出生的人，但是我們若從他命盤上的財帛宮是紫微居廟、擎羊，官祿宮是武曲、天相看來，就瞭解到：他才真正是找到金鑰匙的人。

武府坐命子宮的人，父母宮是太陽居陷，太陰居廟。這表示和父親的緣份不佳，和母親的緣份較好。而且和女性長輩、上司的相處較融洽。同時得自祖蔭的是家財。武府坐命的人，本命中就有財星和庫星，很會理財，個性吝嗇。此命格大部份的人會做公務員，其『父、子、僕』三宮位很容易形成『陽梁昌祿』格，所以容做公職。因為本命財旺，又會理財，所以得自父母的財，只是一個基礎引導，他本身會賺更多的錢。

天府坐命丑宮的人，父母宮是天機居得地剛合格之位，太陰居旺。表示父母是個情緒變化很大，陰晴不定的人，和子女間的關係也是陰晴不定的常有變化。但是仍會給子女家產來用。同時天府坐命丑宮者的『父、子、僕』三宮位剛好形成『機月同梁』格，也表示你的家庭只是小康之家，還算小有家產，但並不富有。你也可從父母長輩處略微得到一些家業。

天府坐命亥宮的人，父母宮是天同、太陰，皆在廟旺之位。表示你的父母是溫和、脾氣好、善於體諒人、善解人意之人，而且也是殷實小富之家。你的『父、子、僕』三宮中也會形成『機月同梁』格。所以你若要得財於父母，就是小康之財了。

用兄弟關係來賺你的財

世界上的人會有兄弟，並和兄弟相處和睦的，約佔總人口的三分之一，這和具有夫妻運和美滿婚姻運的人口數目略同。有一些人的兄弟宮有羊、陀、火、鈴、巨門、劫空，數個煞星在一起，或是煞星單星居陷入宮，根本沒有兄弟，這也算一種不好的兄弟運。

兄弟運在命格中是一種助力。是看我們和平輩相處的狀況。它和僕役宮的朋友運，同樣是在人生中陪伴我們走過人生歷程的二種關係。兄弟宮好的人，小時候童年生活比較愉快，會有很多值得回味的童年生活。兄弟宮不好的人，幼年比較孤單，不太懂得和同輩的相處之道，也喜歡向外發展，或獨立發展。兄弟宮好的人，夫妻宮也多半還不錯。如此，這個人的一生都比較幸福。你的財，就會有這些人來幫你賺了。

兄弟宮中有財星、吉星居旺的人，是具有兄弟運的人，也是可以用兄弟關係來賺你的財的人。

在命理結構中『兄、疾、田』是一組的三合宮位，也代表你得自祖上遺傳的接收力好不好，本身的守財能力、蓄財能力好不好。所以人的『兄、疾、田』這一組三合宮位好的人，你就是真正有錢的人。因為田宅宮就是財庫，是這一組接收站最後匯流入庫的地方。『父、子、僕』三宮位是代表祖先遺傳之助力前半段的接收力。而『兄、疾、田』三宮位，則是代表祖先遺傳助力後半段的接收力，也算是人生財富總結算的地方。所以兄弟宮的好壞會影響到你財富的多寡，這可是不能掉以輕心的喲！

通常眉毛黑一點，整齊、細緻、秀氣的人，都具有良好的兄弟宮，兄弟感情十分和諧親密。眉毛分叉、糾結、起旋的、雜亂的人，兄弟宮都不佳。

兄弟宮好的人，兄弟感情好的人，多半也會有合諧的夫妻關係和配偶運、家庭運。這也表示此人一生中感情生活是很順暢，為愛煩憂的機會少，一生比別人幸福得多。就算不是大富之人，一生在錢財方面也是不用煩惱的，算是祥和平順的人生。

例如：

日月坐命的人，兄弟宮是武府，武曲財星和天府庫星皆在兄弟宮，日月坐命的人從小和兄弟姐妹的感情深厚，兄弟姐妹會照顧他，幫助他很多，在錢財上也支助他。

日月坐命的人的性格是情緒起伏大、多愁善感型的人，常拿不定主意，性格有些怯懦，但內在本性有屬於自己固執的一面。剛好他的兄弟姐妹就是性格剛直、剛毅，比較乾脆的人，說話、做事很爽朗，恰好補足了日月坐命者的缺點並且也常給他們指點、建議做人做事的方向。日月坐命的人之遷移宮是空宮，代表在他周圍環境和思想中有空茫和空洞的一面，在人生中也會形成某些空茫的運程。有感情好的兄弟姐妹來支持渡過，這是非常幸福的事，人的命程就比別人好很多了。

日月坐命者性格內向，和父母較不能溝通，喜歡混在兄弟姐妹群中過生活。所以他們在人生中得到的家庭教育，和成長中人格的發展，全來自於兄弟姐妹的傳授之中，兄弟姐妹的感情可以說是影響他一生的關鍵所在了。

日月坐命者的夫妻宮也很好，是天同居廟，所以他人生的重點就完全寄託在家庭中情感的歸依之上了。他的『兄、疾、田』三宮位是武府、廉貞居廟、紫相。財星、庫星、智多星、帝座、福星全在這一組三合宮位之中。可見日月坐命者經過長期的經營兄弟姐妹和配偶的感情，自然財庫是十分穩當豐裕的了。日月坐命的人就算是要置產買房子，找兄弟姐妹來借錢支助，也是非常容易的事情。這就是兄弟宮好，能幫你賺更多的財的明證了。

差不多命宮中有太陰星的人，都會有很好的兄弟宮，因為他們的兄弟宮都會有一顆天府星。但是他們的僕役宮卻不佳，都有一顆七殺星。這表示他們比較注重有血緣關係及和自己一同長大比較熟悉的自家兄弟，對外人較有防禦心。並且他們天性比較溫和軟弱、怕事，也容易遭到外人的欺侮。因此而有些自閉，會躲在自家兄弟姐妹的羽翼之下來生活。所以像太陰單星坐命的人，同陰坐命的人，機陰坐命的人，日月坐命的人，全是兄弟宮好，僕役宮差的人。

兄弟宮有太陽、天梁、天相、天同、天機居旺、紫微等星的人，也都具有和諧的兄弟宮，兄弟多，兄弟會相互幫助，形成一股力量。上述這些星並不直接主財，而是有助力，助其生財。

像是『空宮坐命有同巨相照』的人，兄弟宮就是紫微星，表示兄弟姐妹中有高地位、高權勢的人，而且和他感情深厚，無論有什麼事情，都會來幫忙相助，非常好命。這其中就有昌曲坐命未宮有同巨相照，再有左輔、右弼來相夾所形成『明珠出海』格的人，本身就是貴格，人生的境界比較高，再有權勢高的兄弟姐妹之助，地位就更高了。全家人皆為貴品等級的官貴之人，當然財富也不同於一般人了。這也是兄弟相幫助得財最好的實例。

兄弟宮中有殺、破、狼、巨門、太陽居陷，天機居陷、擎羊、陀羅、火

星、鈴星、劫空的人，兄弟運都不好，彼此較冷淡，或不來往，或無兄弟，或彼此刑剋不合。這樣也影響到家財的儲存和獲得的多寡。而此人的財就不能從兄弟運來著手了，要從其他較好的宮位再來著手獲財了。

用較好的配偶運來賺你的財

配偶運好的人，就是命格中夫妻宮好的人。這種命格的人，也在世界上佔有三分之一的人群。這種運氣也和兄弟運、父母運、子女運一樣是很多人可望而不可及的。人生沒有十全十美的，也不可能將上述五種六親關係兼而有之，而每種運氣都在高峰、高檔之上的。所以六親關係中，只要難持在平安、祥和的氣氛下，沒有衝突、怨恨、制肘，就已經算是十分不錯的六親運程了。你的財也將慢慢的湧進了。有好的夫妻運、配偶運的人有七殺坐命的人、貪狼坐命的人、破軍坐命的人、日月坐命的人、太陽坐命的人、巨門坐命的人等等。

命宮裡有七殺星的人，不論是七殺單星坐命的人，或是紫殺坐命的人、廉殺坐命的人、武殺坐命的人，只要夫妻宮沒有擎羊、化忌、劫空都算是還不錯的夫妻運。

我在很多本書上都講過，**夫妻宮有擎羊星的人**，表示其本人內在的心性就很計較，對人嚴苛、自私、敏感、衝動、不能容忍，責人苛刻，律己寬鬆，喜歡為自己找藉口，不顧別人死活，完全以自我為中心。這樣的人，同樣也會找到自私、敏感、衝動、計較的配偶。因為待人處世的價值觀，心性很接近的原故使然。擎羊星代表的是細細尖銳的針，夫妻宮有擎羊星的人，夫妻在相處上就會因兩個人在某些特殊的事務上針鋒相對。像兩隻蜜蜂在互螫對方，當然形成互相剋害的情形。這是最不好的一種夫妻運了。再有火鈴在夫妻宮同宮的人，會隨時因急躁火爆的脾氣互剋的現象很嚴重。

倘若**夫妻宮出現地劫、天空**，表示自己內在的性格上在感情方面是容易出現灰色、頹廢、放棄、看空等思想的。也容易隨時因情緒不佳而放棄感情。因此夫妻感情容易冷淡。這同時也表示你對感情的事情不會放太多心思，縱然你一時覺得因愛而傷心或痛苦，但很快便忘記了。有這種夫妻宮的人，不太容易結婚、組織家庭。尤其是在有劫空的流年、流月之中很難成親。要選沒有劫空的時間，桃花星多一點的時間去尋找對象，快點成親才結得了婚。

夫妻宮有劫空的人，很難靠配偶來賺你的財。縱然你的夫妻宮有劫空和祿存同宮，為『祿逢沖破』的格局，那只是表示你可能還會結婚，但並不表示你可以靠配偶之運來賺你的財。

夫妻宮有陀羅、火星、鈴星時，這些星居陷時，會有比較深一點的影響，夫妻間相處會有磨擦，但不一定會相剋如仇敵。若陀羅、火、鈴和吉星同宮，或居旺時，相剋的影響也會小一點。

陀羅就是有旋轉不停特性的陀螺，這是一種自古以來的玩具。它會在地上一直旋轉不停而不發聲。因此陀羅在人命格之中，或在夫妻宮之中也就代表著這種：是非纏繞在內心，一直轉個不停，轉不出來，悶在心中也不願告訴別人，也不對別人言講，只會自苦的一種內心情緒。這種現象在外人看起來是很笨的，所以我們在命理學上，看到陀羅在那一宮，就會說那一宮是很笨的。

陀羅在夫妻宮出現時，表示自己本身的內在情緒就會有這種隱藏在內心、不願表明的煩惱，並且自己也不願認真的面對它、解決它。所以在尋找配偶的時候也會遇到這種和自己情緒相契合的笨人。有陀羅星在夫妻宮的人，不論陀羅是旺、是弱，都不見得一定會離婚，雖彼此有嫌棄、厭惡，但可忍耐。所以有陀羅在夫妻宮的相剋反而不及擎羊星來得嚴重了。

有火星、鈴星在夫妻宮時，只是夫妻間火藥氣味重一點，急躁一點罷了。只要火、鈴不是和其他的煞星如七殺、破軍、擎羊、陀羅、化忌等同宮，問題就不大，夫妻間還是可以容忍的。

能助財的配偶運

現在來談談夫妻宮好的，有配偶來助財，可以利用配偶運來賺你的財的狀況。

最需要用配偶運來賺自己的財的人，就是貪狼坐命的人或命宮中有貪狼星的人了。因為這些人的夫妻宮中都會有一顆天府星。天府星是財庫星，又從不陷落，所以只要是命宮中有貪狼星的人，都需早點結婚來運用這項人生資源。

可是命宮中有貪狼星的人卻容易晚婚或不婚，尤其是命宮中有貪狼和羊陀、火鈴、劫空同宮的人。或是遷移宮、夫妻宮也有上述等煞星的人，也同樣是易於晚婚或不婚的人。這樣在人生的歷程中就會耽誤了生財、得財的好時間，以致於財少賺，少儲存了，非常可惜。

貪狼坐命的人，或命宮中有貪狼星的人，如紫貪坐命、廉貪坐命、武貪坐命的人，財帛宮都有一顆破軍星，非常不會理財，並且花錢大方，耗財多。在他們的福德宮都有一顆天相福星，喜歡衣食上的享受，很注重生活上的品質，又不會存錢，能存錢的財庫星又在夫妻宮，當然就要靠配偶來儲財了。

在我另一本書『你一輩子有多少財』《全新增訂版》中就有談到貪狼坐命的人，若要計算一輩子的財富，就要以婚姻狀況做一個計算標的。特別是『夫、遷、福』及『命、財、官』中有天空、地劫、羊陀的人，尤其是要注意這一點。沒有結婚的人，一生的財富就會少很多。有結婚的人，婚姻關係續存者，其財富就不會打折扣了。這主要在於貪狼坐命者耗財太多，無法留存之故。縱然暴發旺運，也是財起財落，後繼困難的。若有配偶幫忙儲存就會有不一樣的人生了。

我們首先看**貪狼坐命辰、戌宮的人**，遷移宮是武曲，因此他有武貪格暴發運。辰、戌年就是暴發點，而他的夫妻宮就是紫府，有天下第一等好的夫妻運。會擁有家世高尚，長相體面、氣派，又具有富裕環境的配偶，並且夫妻和樂、相助，這也影響到貪狼坐命辰、戌宮的人事業上的成功地位。

有紫府在夫妻宮的人，同時也表示此人的內在性格是高高在上，富裕的、計較的，是精打細算型的，也是喜歡精緻、美麗、高水準、高地位、掌權、有能力的人、事、物的。

前總統府資政吳伯雄先生，就是貪狼坐命辰宮的人，擁有美滿的婚姻關係，因此他的家產在他婚後的數十年當中增加的頗為豐厚。

貪狼坐命寅、申宮的人，夫妻宮是武府，表示配偶就是他的財庫和財星。

我們看他的遷移宮是廉貞居廟。表示他一生都在奸險、爭鬥、多計謀的環境中拚鬥，他的境遇當然是比較辛苦，因為本命貪狼居平，好運的機會比一般貪狼居旺的坐命者少很多之故，因此他一生爭鬥可以說都是為了錢財。（夫妻宮是武府，表示他內心的渴望就是錢財）所以他會直接找一個會賺錢或富有之人為配偶，至少這個人是比他有錢的人。

我在命相經歷中發現貪狼坐命寅、申宮的人，自己本身的運氣和才能都不見得比別人好，但是他們一定會靠配偶來幫助家計，他們自己不管錢，也不管家中的財務，讓配偶來管，來煩心。此命格的人善於利用自己的桃花運、性能力來尋找和控制異性並以此來鞏固夫妻關係。所以他們的配偶倒也沒有什麼怨言的付出了。這就形成名符其實的用夫妻宮來得財的真實狀況了。

貪狼坐命子、午宮的人，夫妻宮是廉府。表示其人的配偶長相白白淨淨的，很精於人際關係的發展。會用人際關係來幫忙他儲存財力，同時夫妻兩個都是吝嗇、小氣，有志一同，只為自己的人。

貪狼坐命子、午宮的人，他的遷移宮是紫微。終其一生都會在舒適、富裕、高地位水準的階層生活，所以他比較不會去關心和他在不同世界中的人。他一定會找到和他有相同價值觀的人，又能全心為他、照顧他生活的人，才會結婚。所以這個命格的人是極容易晚婚和不婚的。倘若結得了婚的人，配偶的命宮中又有一顆天府星的人，則會主富。反之，則會有很大的差距。

紫貪坐命的人、武貪坐命的人、廉貪坐命的人，夫妻宮都有一顆天府星。

紫貪坐命的人，夫妻宮的天府星是居廟位的。武貪坐命的人，夫妻宮的天府星是居得地剛合格之位的，廉貪坐命亥宮的人，夫妻宮的天府是居旺位的。廉貪坐命巳宮的人，夫妻宮的天府星是居得地剛合格之位的。天府星的旺弱，正代表這個命格的人對配偶的依賴度。像是紫貪坐命者對配偶的依賴度就比較高，武貪坐命者對配偶的依賴度就比較低一點。這也同時是因為配偶幫助計算財富、歸納入庫的能力有強有弱的關係所形成的。所以紫貪坐命者的夫妻運也會較好，夫妻情感較親密。並且他們也會擁有本身財力好，又會存錢儲蓄，理財能力較好的配偶。

前國防部長陳履安先生就是紫貪坐命的人，夫人是香港某銀行總裁的千金，這樣的夫妻宮就是真正印證紫貪坐命者的夫妻運了。

七殺坐命者的夫妻宮都有一顆天相星，像七殺坐命子、午宮的人，夫妻宮是紫相。七殺坐命寅、申宮的人，夫妻宮是廉相。七殺坐命辰、戌宮的人，夫妻宮是武相。紫殺坐命者的夫妻宮是天相陷落，廉殺坐命者的夫妻宮是天相居得地之位。武殺坐命卯宮者的夫妻宮是天相居廟。武殺坐命酉宮者的夫妻宮是天相居得地剛合格之位。

夫妻宮有天相星的人，配偶都相貌端莊，為人品性敦厚、做事有條理。天相是勤勞、穩重的福星，也善於理財，當然這就是非常好的夫妻運了。

夫妻宮有天相星的人，也代表其人本身性格是穩重、溫和、善於調解糾紛，有服務精神，善於整合人際關係的。所以有這樣夫妻宮的人，雖不直接因此而得財，但配偶的助力是很大的。俗語道：『家和萬事興』，便是指有這種夫妻運的人，所能創造出的家庭了。

宏碁集團的施振榮先生便是七殺坐命子宮的人，其夫妻宮正是紫相，具有美滿的夫妻運。因此可共同打造出世界級的宏碁集團，並且建造了新竹科學網路社區—渴夢園，這種夫妻間的助力，豈是比配偶帶來千金萬金所可比擬的呢？

命宮中有破軍星單星坐命的人，其實夫妻宮都不算差。例如破軍坐命子、午宮的人，夫妻宮是武曲居廟。破軍坐命寅、申宮的人，夫妻宮是紫微。破軍坐命辰、戌宮的人，夫妻宮是廉貞居廟。

破軍雙星坐命的人，夫妻宮就有一點問題了。例如：紫破坐命的人，夫妻宮是空宮有廉貪相照，夫妻運很差。若有昌曲在夫妻宮中還好。若有陀羅、火、鈴在夫妻宮則夫妻常反目為仇。武破坐命者的夫妻宮是空宮，有紫貪相照，婚姻運不強，但仍可找到志同道合的配偶。廉破坐命者的夫妻宮是空宮有武貪相照。這幾種命格的人，夫妻宮都是空宮，表示自己本身的內在情感和情緒上有空茫的現象，感情不深刻。有這種夫妻宮是空宮的人，有時候會同居不結婚，並且常常更換情人。感情和情緒都有不穩定的現象。像西安事變中的名人張學良先生是武破坐命的人，早年周圍的女人甚多常換，在台灣軟禁五十年才公佈目前這個相伴的配偶。又例如林瑞圖先生是廉破坐命的人，一直沒結婚。這些都是由於夫妻宮是空宮的關係使然。當然也談不上有什麼在金錢上的助力了。

太陽坐命的人，不論本命居旺、居陷，其夫妻宮都是天同星，表示其人個性平和、穩定。同時也會選擇溫和、意見少，懂得人情世故的人來做配偶。因此夫妻運算很不錯了。

太陽坐命的人，都會有平凡沒有波瀾的婚姻和愛情。有一些太陽坐命的朋友常向我抱怨，沒有轟轟烈烈的戀愛，深感遺憾，而且連吵架都吵不起來。這一點很讓我好笑！真是人在福中不知福呀！難道要天天吵架、打架才叫過癮嗎？

太陽坐命的人，夫妻宮是天同。天同是福星，也是懶星。表示太陽坐命的人在內在感情和情緒上是不主動的，只等別人來帶給他歡笑和關愛。倘若別人沒有做或做得不夠好，他也不會計較。久而久之，這種狀況就形成平凡的生活步驟，感覺上很乏味了。所以要有甜蜜的愛情和婚姻，還是要靠他們自己去營造才能獲得擁有的。

天同既是福星，就只知道享福了，天同在夫妻宮，這其中財的部份就不一定有了。而且其人的『夫、遷、福』就一定會形成『機月同梁』格。這是一種小康境界的格局，想要靠夫妻運來得大財就不可能了。像日月坐命的人、陽梁坐命的人、陽巨坐命的人，也都是這種現象。

巨門坐命的人，夫妻宮都會有一顆太陰星。這表示你會擁有一個善解人意、內心柔軟、敏感度很高，長相、儀態很溫和，具有女性化的特徵，文質彬彬，有些陰柔特性的配偶。並且也表示巨門坐命者自己的內心深處具有善感的內在氣質，喜歡用情感的濃厚深淺去度量人際關係中的親密度。這是一種重情感、不太理智的心態。而且他們特別會以表達溫柔體貼的方式來探測別人內心的好意，並觀測別人情緒的起伏，再加以時機的應用，來製造對自己有利的事情。因此，當巨門坐命者的夫妻宮有太陰居旺的時候，就是能得到妻財和得配偶之財利的人。

巨門坐命子宮的人、巨門坐命亥宮的人、機巨坐命卯宮的人、同巨坐命丑宮的人、巨門坐命辰宮的人、陽巨坐命寅宮的人，夫妻宮的太陰都在旺位，這些人不但善於利用自己在感情、感覺上的敏感度去度量別人，夫妻感情會較好，並且可因此得財。

高雄市長謝長廷先生正是巨門坐命子宮的人，夫妻宮是太陰居旺，其夫人長相圓潤柔美，很會為他存錢儲蓄。他本人也對民眾的情緒變化很敏感，所以說他的配偶就是他的助力，也會為他帶財來。

前總統夫人曾文惠女士是巨門坐命辰宮的人，夫妻宮是天機、太陰居旺，所以配偶會幫他賺錢，她的財就完全靠配偶而得之。

一般同巨坐命者和巨門坐命辰、戌宮的人，本命居陷，『命、財、官』都不算好，會靠人過日子而生活。

夫妻宮有太陰居陷位的人，是本身在情感上的敏感度不高的人，他們的配偶也會瘦弱而無財。夫妻的感情較冷淡，但並不一定會壞到要離婚。有時候這只是彼此不善於表達而已。配偶在賺錢方面也較辛苦，賺得不多。

總而言之，能用配偶運來賺自己的財的人，就是有天府庫星、正財星武曲、太陰（儲蓄之星、陰財星）居旺，以及紫微星在夫妻宮的人。所以真正說起來命宮中有貪狼星的人，和破軍坐命子、午宮的人、破軍坐命寅、申宮的人，巨門坐命子宮的人、巨門坐命辰宮的人、巨門坐命亥宮的人才是會具有這種可以靠完美的配偶運來賺你的財的人。

用子女運來賺你的財

在命格中有良好子女宮的人，就會有優良的子女運。子女宮好的人，不但與子女間的關係較親密，與晚輩相處較好，同時也表示此人較具有才華。至於是那方面的才華？就要看子女宮中坐有什麼星曜了。

子女宮中有財星居旺時，你是可以用子女運來賺你的財的人，同時也表示你的才華是屬於和金錢有關的方面。例如天機坐命丑、未宮的人，子女宮是武曲居廟。表示你的子女是性格剛直、重言諾，而且是為你帶財來的人，子女將來會在金融界、政界發展，是收入很好的人，也可能是從商主富之人。並且你本身也會在會計、金融業中服務，做公務員或薪水階級，具有和錢有關的才華。你本人的『命、財、官』不強，一生的財富不多，又和房地產無緣，財庫有破洞，所以要靠子女來增財，或者等子女來幫你賺進大財富了。

機巨坐命的人，子女宮是武府，也表示你的子女會在財富上發展，富甲一方。

巨門坐命子、午宮的人，巨門坐命辰、戌宮的人，陽巨坐命的人，子女宮都是天府星，表示子女就是你的財庫，你可以用他們的名字來買房地產增值，或用他們的名字來買股票賺錢，一定會賺到錢來封箱入庫，有很多積蓄的。

巨門坐命巳、亥宮的人，子女宮是紫府，表示子女長相體面，性格保守、穩重、命中多財。未來他們會在高地位、高收入的地方來賺錢，財產龐大。子女宮再有文昌、文曲和紫府同宮的人，會生貴子、富貴同高，並且子女數目也很多，可有四、五人。子女也就是你的頭等財庫，他要好好培植他們，這樣你的財富會更大。

同巨坐命的人，子女宮是廉府，表示你的子女很有外交手腕，但個性都較吝嗇一點，不過他們將來會生活富裕，也會讓你過好日子。同巨坐命的人，一生沒有什麼事業，全是靠父母、配偶、子女等家人過活，因此良好的子女運只是再為他開創一個得財的口岸罷了。

子女宮有太陰居旺的人，也會因子女而有得財的機會

武相坐命寅宮的人，子女宮是太陰居廟，會有溫和、柔美外表的子女，親子關係十分和諧親密。太陰是陰財星，會暗暗進財。所以武相坐命寅宮的人，子女會為他默默的製造、積存大財富。同時也表示武相坐命者自身在感性方面很敏銳，才華出眾，也會有好的成就。

天相坐命丑宮的人和廉相坐命子宮的人，子女宮都是太陰居旺，表示有美麗、溫和的子女，子女會為他帶財來，女兒尤其和他親密。在感情的抒發上，或付出感情，他都是溫柔細緻的人，這是使家庭和樂的原動力，也是使自己財庫豐滿的關鑑主因。

天相坐命卯宮的人，子女宮是同陰居廟旺。此命格的人，命宮主星是天

相居陷。一生較操勞，環境不佳。因此有溫和、柔美的子女，不但為他帶財來，更為他平順生活裡起伏的情緒。因此子女不但是他的財星，也是他的福星，真是太有用了。

天相坐命巳宮的人，子女宮是機陰。天機居得地之位，太陰居旺。表示子女很聰明、機靈、能應變，但情緒起伏變化無常。子女也會為天相坐命巳宮的人帶一點財來，但數量與層次都較輕。

用好的朋友運來賺你的財

要用好的朋友運來賺你的財，當然最好的命理格局就是在命盤中僕役宮要有財星居旺的格式了。有財星居旺在僕役宮中表示你會擁有對金錢敏感性高，而且富有多金的朋友。這樣一來，你的社交層次中，富有的人多，你的生活層次也會隨之增高，眼界會升高，理想目標會升高，自然你想要賺的錢財數目也會增高。所以僕役宮有財星居旺的人，交友狀態會形成一種壓力，讓你一定要賺到和朋友差不多等級的財，至少要類似接近才行。

巨門坐命巳、亥宮的人，僕役宮是武曲居廟。朋友中全是以金融、政治為業的人。經濟能力都非常好。但是他們性格剛直、保守，也會有一點吝嗇。這種友情狀態是彼此不會深交，朋友和你的關係是直來直往型的，有事情就公事公辦，絕不會東拉西扯的閒聊。你和朋友的關係是建立在彼此利益相聯繫、相糾葛的關係上。倘若彼此的利益關係不在同一陣線上，大家就分道揚鑣了。所以你的朋友運都是用來幫你賺錢的。

空宮坐命有日月相照的人，僕役宮是武府。朋友運十分好，朋友都是富甲一方的有錢人。有這種僕役宮的人，表示你周圍的好朋友財力好，也會是你的人生資源和財庫。你若要找人投資，幫助發展事業，是肯定可以得到資助的。並且你的朋友也很可以為你帶來賺大錢的機會。你和他們合夥或合作，肯定會賺到錢的。不過你必需非常注意你自己的態度問題。你的朋友中全是性格剛直、一板一眼、保守、踏實、計較而講信用的人。他們不喜歡輕浮的、吊而鋃鐺、做事不負責任的人。你若得不到他們的信任，就會枉費了這麼好的朋友友運了。

空宮坐命陽巨相照的人，僕役宮是武貪，你交朋友的速度很快。朋友們的財力也很好。但是與你的交情很冷淡，因為僕役宮是『武貪格』是暴發運格，朋友運會助你暴發，你也會突然因認識一個人，而得到好運而得財。但是長時間的交往是不利的，他很快便會對你冷淡，心生嫌隙起來了。所以朋友運會帶給你的是快速快決的財運。

僕役宮有天府星的人，都可用朋友運來賺你的財

僕役宮有天府星的人，朋友運都很好，有老實忠厚、做人謹慎、負責任、規規矩矩、能真心給你忠誥的朋友。朋友和你相處關係很親密。他們和你的生活環境相類似，但是天性很會理財，經驗又很豐富，所以他一直是你的良師益友。有這樣好的朋友宮的人，是太陽坐命辰、戌宮的人，空宮坐命有機陰相照的人，空宮坐命有同陰相照的人。此外天同坐命卯、酉宮的人，僕役宮是紫府。天機坐命巳、亥宮的人。朋友宮是廉府。空宮坐命有日月相照的

人，朋友宮是武府。這些人都有很好的朋友宮。朋友們都會為他們帶來利益，成為他們的人生資源，有時候也會幫他們賺錢和省錢。

僕役宮有太陰居旺的人，可用朋友運來賺你的財

僕役宮有太陰居旺的人，表示其人會用溫柔纖細的敏感力去感覺，精密的分析歸類。凡是感覺不好的人，就會被淘汱掉，與他們保持距離。所以僕役宮有太陰居旺的人，他所交往的朋友也都是和他一樣懂得進退，善於體察別人心意的人，更是彼此間能用真心相待的人。當然，在朋友交往關係中互助有利，讓彼此都能發財賺錢，採取雙贏關係的朋友運，就是他們所努力追求的目標了。具有這麼好朋友運的人，就是武曲坐命辰宮的人和紫微坐命午宮的人，以及空宮坐命巳宮有廉貪相照的人。另外廉貞坐命申宮的人，朋友運是日月同宮，太陰是居廟的。他會和女性朋友感情較好，他的男性朋友多半是性格內向，不喜歡出風頭的人，他也會因朋友的幫助而得財。

空宮坐命酉宮有紫貪相照的人，其僕役宮是天機居得地之位，太陰居旺。

表示他的朋友運是有變化起伏的，朋友中多聰明鬼怪、敏感之人，但是在交往過程中，朋友仍是對他有利的，也會讓他賺到錢。

空宮坐命未宮有武貪相照的人，其僕役宮是同陰，天同居旺，太陰居廟，朋友是溫和多情義，又能相幫助來生財的人。朋友運非常好。

僕役宮是天梁居旺的人，朋友都良師益友，可用朋友運間接賺到財

僕役宮是天梁居旺的人，表示朋友宮有蔭星，貴人運。其人會有比較多比自己年紀較長的朋友，這些朋友都幾乎成為他的良師益友，常常會傳授一些經驗、知識，來讓此人輾轉得財。此人的朋友中也多知名之士和有成就的人，並且這些人也全是以名聲為重，又喜歡照顧後進的人。

事實上有這種天梁居旺朋友運的人，在選擇朋友時的態度也是非常謹慎小心的。他一定會選擇對自己有幫助的人來交往，絕不會和會拖累自己，比自己程度差的人來交往。所以這種朋友關係實質上是帶有一些勢力、自私的

色彩的。有這種朋友運的人，命宮中都有一顆天府星，例如紫府坐命寅、申宮的人，其僕役宮是天梁居旺。天府坐命丑、未宮的人，其僕役宮是天梁居廟。天府坐命巳、亥宮的人，僕役宮是機梁，天梁為居廟的。廉府坐命戌宮的人，僕役宮是陽梁居廟。天府坐命酉宮，僕役宮是同梁，天梁是居廟的。上述這些人都會有很好的朋友運，朋友會相助他們得到經驗和名聲，發達以後再得財。

僕役宮有天相居旺的人，朋友運會保你平順賺到財

僕役宮是天相居旺，朋友都是溫和、老實、保守、善於理財、做事的老好人。朋友運十分好。你的朋友會任勞任怨的幫助你打點一切，默默辛勞的付出，並不向你要求回報。而且你的朋友多半是很會做事，也很會料理殘局的人。而你就是個性格大而化之，生活細節凡事無所謂，不計較，但是在某方面特別頑固的人。而且你也是喜歡護短，傾向照顧自己人的人。所以你可以和朋友連成一氣，相互在不同的事物上付出對彼此的關心，感情和諧，彼

此有利了。有這種好朋友運的人有：空宮坐命申宮有同梁相照的人，其僕役宮是天相居廟。空宮坐命寅宮有同梁相照的人，其僕役宮是天相居得地之位。

太陽坐命子、午宮的人，其僕役宮是天相居得地之位剛合格。天機坐命丑、未宮的人，其僕役宮是廉相，天相為居廟。空宮坐命卯、酉宮有陽梁相照的人，其僕役宮是武相，天相居廟。

有天相居旺在僕役宮的人，基本上其人的命格型態都是『機月同梁』格。所以你們都是具有小康之家的財力。雖沒有大富大貴的人生，但是朋友的向心力和親密會為你們的人生憑添色彩。同時你們會因此形成一個小圓圈或小團體，而你就是團體中核心的力量，朋友會像百鳥朝鳴、眾星拱月一般聚集過去，你的人生資源，就愈形豐厚，朋友運就是關係你平順賺到財的實據。

僕役宮有紫微星的人，朋友運會讓你佔到小便宜

僕役宮有紫微星的人，都會有地位高尚的朋友。他們會有一些權勢讓你尊敬巴結，納入自己的人際資源之中，隨時準備派上用場。但是這些朋友會

高高在上的，和你有些距離。因為他們的生活層次較高，經濟較富裕，而且多半具有官職或位階高過於你，所以並不會以親密的友誼和你相待。他們看你的眼光也是上司、長輩對下屬、晚輩的眼光。並且你們的交往是非常具有政治性的。他覺得可以從你這裡瞭解小道消息，或是讓你做些跑腿打雜的事情也不錯，所以依然對你還算禮貌。既然他們想用到你，自然常會用小便宜來攏絡你，不會讓你一無所獲而無趣離開，但也不會有什麼大錢未給你賺。因為大利益他要自己得。

朋友宮有紫微星的人，有同巨坐命丑、未宮的人，朋友宮是紫微星。同巨坐命丑宮的人，紫微是居廟的，表示從朋友處得到小便宜、小利益最多，朋友的權勢，官位也比較大。同巨坐命未宮的人，朋友運只是一般平和順利的朋友運。

此外，天同坐命巳、亥宮的人，朋友宮是紫相，因雙星在得地之位，朋友只是略幫他的小忙而已，連小便宜都很少得到。天同坐命辰、戌宮的人，朋友宮是紫貪，紫微居旺，貪狼居平，表示朋友是高高在上，地位權勢很大，但對他是極為冷淡的，連小便宜都很少給他。同梁坐命寅、申宮的人，朋友宮是紫破，表示朋友中多地位、權勢高，但競爭、爭鬥很強烈的人，朋友中三教九流各行各業都有，關係表面看起來很好，但是這些朋友都是讓你破財、耗財的人，你會花費龐大的交際費維持這些朋友關係，根本得不到朋友的小便宜。

同陰坐命子、午宮的人，朋友宮是紫殺。紫微居旺、七殺居平。你的朋友群中都是地位高、權勢大、性格比較凶悍，對待你是冷淡，不太客氣，處處要求你，管制你的人。也可以說你的朋友多半是你的長官、上司，或者是成就比你好一點，但在工作或生活上是你的勁敵的人。這樣的朋友運，只能讓你覺得自己仍是處於較上等的社會層次之中，但是根本是沾不到朋友的小便宜，更別說是有助力來幫忙相助了。

僕役宮有左輔、右弼時，朋友運會眞正讓你賺到財

僕役宮有左輔、右弼兩顆輔星其中一個時，就能讓你賺到自己的財了。左輔是屬於男性平輩的貴人星，右弼是屬於女性平輩的貴人星。無論有左輔或是右弼在僕役宮，在朋友運上都有極大的幫助力量。因此左輔、右弼在僕役宮是適得其位的。

僕役宮有左輔星時，男性的輔助力量對你是比較大的，也通常是男性在幫助你。例如你是要在同輩中競爭而出人頭地的人，你若是男性的話。你就需要有左輔的助力在僕役宮中。就像郝柏村先生的僕役宮就有左輔星，就是有這種力量。

倘若你是女性、最好就是在自己的僕役宮中具有右弼星，這樣你在同性的同輩環境中，就具有競爭力而能出人頭地了。

左輔、右弼在僕役宮時也代表一種和朋友、部屬之間的合作力量。倘若僕役宮出現的是左輔星，就是和男性同輩的朋友或部屬有合作的力量。若僕

役宮出現的是左輔、右弼同在僕役宮，就是和男性、女性同時具有合作的力量。有了這種合作的力量，你在做事或生活之中，就會有人主動的來幫助你、擁護你。一般從事政治界的人物，命宮、遷移宮有化權當然是最好的了，但是僕役宮一定要有這兩顆輔星，政治生涯才會長久。另外拉保險的人，從事公關等人際關係來創造業績的人，都須要僕役宮中有左輔、右弼星，事業成功的機會才會大。說服人的能力才會強。

有一位朋友是從事房地產仲介業的人，他的僕役宮中有一顆右弼星，所以常有女性的朋友，及以前跟他買過房子的女性客戶幫他介紹生意，生意很好，賺錢很多。他就一直在講，他是靠女性朋友起家的，女性朋友就是他的貴人，是怠慢不得的。

因此，有左輔、右弼在你的僕役宮中時，是可以真正幫你賺到財，是一點也不假的事了。

有化祿、化權在僕役宮時，朋友運也會讓你賺到錢

僕役宮有化祿、化權時，要看主星是否是財星，才能斷定朋友幫助你賺到財的多寡。

例如僕役宮是財星武曲居廟化祿，肯定朋友運會為你帶來大財富的。而且你就是靠朋友運賺到錢的人。這是己年生巨門坐命巳、亥宮的人。倘若僕役宮是武曲居廟化權的人，表示你的朋友中多政治界、財經界的大老人物。你對他們有影響力，也可以利用這種特殊的人際關係來賺到大財。這是庚年生的巨門坐命巳、亥宮的人。

倘若你的僕役宮中的武曲化祿或武曲化權是居平位時，你必是有武曲化祿和七殺同宮在僕役宮，或者是有武曲化祿、破軍同在僕役宮，亦或是有武曲化權、七殺同在僕役宮，亦或是有武曲化權、破軍在僕役宮。有上述四種狀況時，你的朋友運所能為你帶來的財就非常少了。最多你和他們尚能相處，人緣還算不太差，但要靠他們賺錢，勢必要多做考慮的了。因為武殺和武破

都是『因財被劫』的格式，有害無益，只有耗財多，賺錢的力量是不足的。有『武曲化權、七殺』或『武曲化權、破軍』在僕役宮時，表示朋友間的政治性爭鬥很凶，大家都搶著掌錢財之權，這並不是一個好現象。朋友之間的友情常處於利害衝突之中，朋友們能幫助你賺的財是極小的，而破耗、凶悍是較多的了。

僕役宮若是有太陰居旺化祿、太陰居旺化權和祿存星的人，都是容易因朋友而得財的人。有太陰居廟、居旺化祿在僕役宮的人，朋友都是溫和多情義的人。朋友中以女性朋友對你最有利，他們會讓你源源不斷的賺進穩定的財。這是丁年生武曲命辰宮的人，和丁年生紫微坐命午宮的人，丁年生空宮坐命巳宮有廉貪相照的人，這三種人的命格。

有太陰居廟、居旺化權在僕役宮的人，朋友都是性格為溫柔中帶點強硬作風的人。他們在工作環境和生活環境中都是具有掌握經濟大權或主管級的人物。而且有這種僕役宮的人，朋友中多女強人色彩的朋友。其本人也對女性具有領導和說服力。這是戊年生的武曲坐命辰宮的人和戊年生紫微坐命午宮的人，以及戊年生空宮坐命巳宮有廉貪相照命格的人。

僕役宮有祿存星的人，雖然朋友可以為他帶財來，他也可以用朋友運去賺錢得財，但是其人多半喜歡單打獨鬥，自食其力，不太喜歡麻煩朋友。朋友也尊重他這種性格，做出有限度的幫忙。所以僕役宮有祿存星的人，是他們自己不太肯麻煩別人，但朋友依然是他們的最大資源。

凡是僕役宮中有化祿、化權、祿存星的人，一定要看僕役宮的主星是什麼？以及是否在旺位？才能斷定你是否可藉由朋友運來賺錢。又可賺多少？是可賺大錢？還是賺小錢？還是耗賠多過賺錢了。還是根本賺不了錢？

在『父、子、僕』三宮中形成『機月同梁』格的人，縱使你的僕役宮中有化祿、化權、祿存，朋友運幫助你賺的財，就是在『機月同梁』格的層次之中，也就是普通、小康局面的財。就像僕役宮是天同化祿、天機化祿、天梁化祿、太陰化祿、天同化權、天機化權、天梁化權、太陰化權這些居旺時，朋友運幫助你賺的錢是『機月同梁』格中較高層次的財，也就是小康環境中較高層次的財。這其中又會以太陰化祿為最高層次的財。因為太陰也是財星的關係。居旺的太陰化權，也能幫助你賺錢財，但是它主要是讓你先得權勢再得財，故其助人賺錢的能力，不像有太陰化祿是直接助你賺錢，那麼直接有力道的，故是稍遜於太陰化祿在僕役宮的層次，這是專就以朋友運氣賺錢得財的觀點評定的。

第八章　用健康娛樂來賺你的財

在某些人的命格中，『命、財、官』不好，『夫、遷、福』三宮也不好，命格中好的宮位，強的宮位，可能就是疾厄宮、僕役宮、兄弟宮，這些所謂的閒宮了。而且常常財星、庫星、帝座、陰財之星，全在這些宮位，更有化祿、化權、祿存這些可以加重計分的星曜也在閒宮中為虎作倀。這樣，對本身整體的命格造不成幫助，想賺錢也有欲振乏力之感。就像**太陰坐命巳宮的人**，本命居陷，『命、財、官』、『夫、遷、福』都不好，不是空宮，就是有陷落之星，但是他的疾厄宮是紫微星。『父、子、僕』這一組三合宮位不錯，是廉府、紫微、武相。財星、庫星、帝座、勤勞的福星全在這一組三合宮位之中。因此代表血緣關係和遺傳系統，以及家族性的擴張性（指僕役宮）的關係就非常好了。因此這個人雖然做不了什麼大事，也可能沒有成就，工作職位低微或沒有工作。做事意態闌珊，但在家族性的串連上，在娛樂、遊玩上，比較有興趣。因此他就可以用自己天賦的強健身體和愛偷懶的本性，用玩耍、娛樂來賺自己的財了。

同巨坐命的人，命宮中雙星居陷，財帛宮是空宮，官祿宮是天機陷落。『命、財、官』三宮都不好。其遷移宮是空宮，夫妻宮是太陰星，福德宮是陽梁。同巨坐命的人一生是靠家人過日子的。他們很懶惰，喜歡享福，頻用是非口舌來鑄造自己生活中的財。他命格中的『兄、疾、田』這一組三合宮位剛好坐於『殺、破、狼』格局之上，因此他們的身體亦不好，可以說代表家族遺傳系統也不好。但是另一組『父、子、僕』三合宮位中是武相、太陰、紫微，在血緣關係和家族性的擴張性關係就不錯，況且他們喜歡享福，又會結交志同道合的朋友一起玩耍、過日子，組織與娛樂相關的協會、委員會，或組成娛樂競賽的節目。這樣的人生，也是以娛樂為重的人，就可用娛樂玩要來賺你的財了。

天梁坐命巳、亥宮的人，本命居陷。遷移宮是天同居廟，一生喜漂泊、遊蕩、遊玩之事。他的『命、財、官』不算好，『夫、遷、福』也不行。只有『兄、疾、田』這一組三合宮位，是紫相、武府、廉貞居廟，最好。其人的『父、子、僕』三合宮位又坐於『殺、破、狼』格局上，也不好。

命格中的財星、庫星、帝座、勤勞的福星、智謀之星全在閒宮。這樣的狀況，也只有靠健康、娛樂來賺你的財了。要是命格中有『羊陀夾忌』的惡格，或疾厄宮有武府、擎羊，或化忌的人，就恐怕連這一點用健康、娛樂來賺財的機會也缺少了。那就用流年、流月來賺你的財好了。

天機坐命巳、亥宮的人，『命、財、官』不好，是天機居平，同巨、空宮。天機坐命巳宮的人，還有好的子女宮和遷移宮，是陽梁居廟和太陰居廟。天機坐命亥宮的人，『夫、遷、福』都不行，是陽梁居平和太陰居陷和空宮。所以天機坐命巳宮的人，還可擁有夫妻運和短暫的工作時期來增財。天機坐命亥宮的人只有靠『父、子、僕』和疾厄宮來增財了。他的『父、子、僕』是紫微、武相、廉府，疾厄宮是貪狼居旺。帝座、財星、勤勞的福星、庫星、好運星也全在閒宮，所以這也是個以健康、娛樂來賺自己的財的人。

在每個人的命運里程中，總會找到屬於自己的財，財在『命、財、官』裡的人，就是上天賦予堅強的意志力、奮鬥力、智力與財力，是可以靠自己就可賺到屬於自己的財的。『夫、遷、福』好的人，是環境中形成的凝聚財的力量，這時候是靠人得財。『父、子、僕』好的人，是依賴家庭生活的人，以家庭中的成員來得財。『兄、疾、田』好的人，是仰賴遺傳血統來得財，每種得財方式不一樣，同時也形成各個人不同的人生境遇，但是只要找到你的財在那一個方向，朝這個方向去取，你就會獲得較豐富的財，也會擁有較富裕的生活。

第九章　用喜用神來賺你的財

喜用神在每個人的命格中，就是你個人的『磁場的狀態』。這種『磁場狀態』，中國人是用五行『金、木、水、火、土』來解釋它的內容。再用東、南、西、北等方向來標明磁場的座向。再依據座向而產生了顏色的變化。所以我們在知道自己的磁場方向之後，便可以瞭解對自己有利的財方和吉方，同時也可以瞭解到對自己有利的顏色了。

如何來得知自己的磁場方向，這是由你的生辰（生日）的干支所得到的資訊。例如說你是西元一九八〇年（民國六十九年）端午節寅時出生的人。西曆是一九八〇年六月十七日寅時。農曆是庚申年、壬午月、辛酉日、庚寅時。庚申・壬午・辛酉・庚寅就是你的生辰八字。而你的日主（又稱日元）

就是辛酉。你就是日主為辛金的人（以日干為日主，辛的五行屬金）。又可排列如左列式樣：

年　庚申
月　壬午
日主　辛酉
時　庚寅

日主辛金生於午月，支上寅午會火局。因為辛金在五月是失令的。午中有丁火、己土司令（節氣之令）。五月火旺，辛金衰弱，會被煆制熔金，最好是壬水與己土並用做用神較好。此命格有壬水出干，並且通根至申，申宮是壬水長生之地，故壬水得地。又有兩庚比劫在干上出現。雖支上會火局火旺，有水得救。喜用神仍用壬水。行運以金水運為吉。

有關喜用神如何選用的問題，請參考法雲居士所著《如何選取喜用神》一套三冊書。

前述命格中，壬水就是此人的喜用神，也是此人的『磁場狀態』。不但可以平衡並補足此人命格裡火多的缺陷，同時我們也可找到了磁場的座向。壬水代表北方。也就是此人的財方和吉方都是北方。此人走金水運為吉。因此衣著用品以白色、藍色、黑色、水色、金色、銀色、藍綠色（海水藍）都是吉祥的顏色。

每一個人所需要的喜用神都不一樣，需要看你出生的日主（日干）和所生之月的月份來做一個判斷。例如出生在春天，一月、二月、三月為寅月、卯月、辰月，是木氣重的月份。生於夏天，四月、五月、六月為巳月、午月、未月，是火氣重的月份。生於秋天，七月、八月、九月為申月、酉月、戌月，是金氣重的月份。生於冬天，十月、十一月、十二月為亥月、子月、丑月，是水氣重的月份。另外三月（辰月）、六月（未月）、九月（戌月）、十二月（丑月）是土氣重的月份。

因此日主是甲木或乙木的人，生在夏天中的一月、二月、三月是得令的月份。生於夏天的四月、五月、六月，因火氣重因而會枯槁，需要有水來救助滋潤。命格中最好在年的干支、月干、日支、時的干支上有帶水的字，如壬、癸、子、丑、辰、申、亥等字。

八字命格中常因出生的季節失令，又在年干支、時干支及月干、日支上找不到可以中和化解八字命格缺失的五行用神。只有找可以代用的五行用神。因此這些有利的財方和吉方，相對也會變得弱勢，但依然是這一種命格所屬最佳的喜用神。

一般來說，土為木之財。金為火之財。水為土之財。木為金之財。火為水之財。因此命格日主是甲、乙木的時候。四柱有戊、己土是為有財。命格日主為丙、丁火的時候，四柱有庚、辛金是為有財。命格日主是戊、己土的時候，四柱有壬、癸水是為有財。命格日主為庚、辛金的時候，四柱有甲、乙木是為有財。命格日主是壬、癸水的時候，四柱有丙、丁火是為有財。但是仍要注意命格中的傷剋制化的問題，才能談財格的大小。這是命格本身主財的部份。

通常我們找喜用神來幫助我們的財運的時候，最有用，最好用的就是用來確定我們的財方和吉方了。

例如：

喜用神為甲木，財方、吉方為東方。

喜用神為乙木，財方、吉方為東方。

喜用神為木火（喜用神為甲乙木、丙丁火皆可）

財方為東南方。吉方為東方、東南方、南方。

喜用神為丙火，財方、吉方為南方。

喜用神為丁火，財方、吉方為南方。

喜用神為戊土，財方、吉方為中部地區和南方。

喜用神為己土，財方、吉方為中部地區和南方。

喜用神為火土（喜用神為丙、丁火、戊己土皆可）

財方為中部地區偏南的地方。

喜用神為庚金，財方、吉方為西方。

喜用神為辛金，財方、吉方為西方。

喜用神為金水，財方為西北方，吉方為西方、北方、西北方。

你的財要怎麼賺

喜用神為壬水，財方、吉方為正北方。

喜用神為癸水，財方、吉方為北方、東北方。

喜用神為水木，財方、吉方為東北方。

喜用神所代表的財方，就是你磁場的方向，表示你在這樣的磁場方向環境中是最順利、舒適、賺錢得財最多的。這個財方的方向，不但利於你前往求財較順利，並且它是你在睡眠時，你的頭所應該朝向的方向。也是你的住家大門所應該朝向的方向。同時也是人在往生後，蓋棺入土的吉方。喜用神的應用非常廣泛，它會跟隨你從出生到結束，都是這個磁場的方向。

要如何利用喜用神來賺你的財呢？

在我們日常生活中自然最好選擇的居住環境是合於財方方向的環境。也就是住屋的門向、睡覺時的床向、書桌的桌向、辦公桌的桌向都要朝向自己的財方。這樣一來，你在睡眠會睡得安穩、精神狀態就會穩定。工作、讀書的效率就會高，做事就自然順利了。這就是一般大家所講究的風水問題，其實它也是源自於每個人的喜用神的。

另外，我們在找工作的時候，開店的時候，去談生意的時候也要注意這個有利於自己的財方問題。甚至於參加考試或去談判的時候也要注意這個財方的問題。

我在另一本書中曾經提到我自己的女兒參加大學聯考時，當我看到她的考場公佈時，我便告訴她，這次妳會考得很好，有上榜的希望。後來果然考取前二個志願的公立大學。事後她問我：為什麼有這個預感？我說：『這不是預感，而是看到試場剛好在你喜用神的東方，所以知道。』有些人會覺得這是很玄的事。但是這一點都不玄，是非常科學的。你想：凡事都要靠天時、地利、人和才會完滿的完成。有了天時和地利，已佔有三分之二的勝算概率，剩下三分之一的人就是要靠自己的努力要去達成了。因為我看到她也很真正的努力了，所以敢大膽來預測。

倘若你的成績正在危險邊緣，你就更不能捨棄這個喜用神，財方、吉方的方向論，一定要把握好，臨門一腳就在此一舉了。

有一位火星坐命的朋友，八字中水又多，又生在冬季，名字中又都是水。

當然這位朋友的喜用神是需火來助旺的了，他的財方、吉方也在南方。這位朋友告訴我說，他現在住在一個親戚租借給他的北區高級住宅大廈中，同棟樓中的住戶都是名流和富戶，大家都很賺錢，只有他住在那裡每況愈下。當初那位親戚原先也是住在租給他的這棟房子中才發跡的，賺了大錢後又另買了大戶豪宅才搬走，將這棟房子留給他住，原想也是要讓他發一下。沒想到他卻愈住愈糟，現在連工作都沒有了，生活都困難了。不知是怎麼搞的？

這很清楚的就是風水的問題了。原先那位親戚和這棟大樓中的住戶，多半是喜用神是金水的人，而且走的是金水運，所以住在這裡，如魚得水，財富增多。而這位朋友是喜用神需火的人，要木火旺才會發達。他目前這個大運又是窮運，走水運，故而愈來愈窮，再加上房屋的地點在北區，又是屬水的地方。本命是火星坐命的人，火都被水澆息了，沒有發生其他的傷災已經很好了。只是欠了大筆債務沒法子還。我勸他說：這棟房子很好，但是不適合你，要是沒辦法快點搬家，你應該先到南方或屬火的城市去找工作，這樣就會順利了。

人的磁場方向就是嚴重關係著人的財運和財格。倘若要逆向運作，就是違反自然的事。以前古人講：『順天者昌，逆天者亡。』講的就是宇宙間磁場運作方向的事，這是我們不能不明瞭的呀！

第十章 用行運模式來賺你的財

算命先生最喜歡說的一句話：『命好不如運好，運好不如流年好，流年好不如流月好，流月又不如流日好，正逢其時最好。』這就是告訴我們行運正當時最好。

在命理學中論行運首重大運，其次是流年、流月、流日、流時。大運主宰了人十年的運程。在人短短的數十載人生中，有的人過六、七個大運已經是很不錯了。壽高的人會過八、九個大運，也有人過了十個大運，如此一來，就把命盤中每一個宮位都走過一遍了。所以有這種高壽的人，除了自已所擁有的命盤格式要好，老運又要走到多財星、福星居旺的運程，才可能擁有如此的好命。

蔣宋美齡女士的命盤

	43-52	53-62	63-72	73-82	
	官祿宮 紫微 七殺 火星 陀羅 左輔 天馬 <身宮> 乙巳	僕役宮 文曲 祿存 紅鸞 丙午	遷移宮 擎羊 丁未	疾厄宮 文昌 戊申	
33—42	田宅宮 天機化科 天梁 甲辰	陰女 木三局	1897年2月12日寅時	財帛宮 廉貞 破軍 天鉞 右弼 天空 己酉	83—92
23—32	福德宮 天相 癸卯			子女宮 天刑 庚戌	93—102
	父母宮 太陽 巨門化忌 天姚 壬寅	命宮 武曲 貪狼 癸丑	兄弟宮 天同化權 太陰化祿 鈴星 陰煞 壬子	夫妻宮 天府 天魁 辛亥	
	13-22	3-12			

就像蔣夫人宋美齡女士會擁有高壽和豐裕的人生，在命格中也是有特別的地方。在行運上更是有助力才能達到的。

宋美齡女士是武貪坐命丑宮的人。凡是命宮中有貪狼、天機、天梁居旺位、廟位的人，都是特別長壽的人。宋美齡女士命宮的貪狼星正居廟位。另外，宋女士的生年是丁酉年，木三局，陰年所生之女子，行運為順時針方向行運。因此我們可以看到她在三至十二歲行武貪運。十三至二十二歲行太陽、巨門化忌運。二十三歲至三十二歲行天相陷落運，可見她在青少年時期是非常叛逆、不順的。三十三歲至四十二歲行天機化科、天梁運。宋女士在三十二歲那年與先總統蔣公結婚，從此進入政治圈。四十三歲至五十二歲走紫殺、左輔運。五十三歲至六十二歲走文曲、祿存運。六十三歲至七十二歲走擎羊運，這其中車禍受傷。七十三歲至八十二歲走文昌運。八十三歲至九十二歲走廉破運。九十三歲至一百零二歲走空宮運。倘若能活過一百零二歲，接下來便要走天府運了，又可以好好的來賺自己的財了。武貪坐命的人本身就是好運星和財星同坐命宮的人，因此對於金錢很有敏感力，眼中看得到財。本命強勢，再加上一點運程的輔助，得財十分容易，我們也可在宋女士的命盤中發現她在五十三歲至六十二歲走文曲、祿存運，又有權祿相照的運程中儲

我看了一下他的命盤，告訴他：『你的命格不怎麼樣！但是你的運程卻十分好，這也是你的福氣了。』

他說：『哦？何以見得？怎麼看呢？我在麥當勞工作二年多了，做了協理，卻一直沒有升遷機會。我遇到一個人，他在別的速食連鎖公司，才去一年多就升遷得比我還快了，我真覺得嘔，想要到別的公司找找機會。』

我說：『你進麥勞工作應該是虎年初的事吧！去年你走太陰陷落又化權的運程，自然賺的錢少。升遷也沒有機會，使不上力，你是戊申年生的人，辰年三十三歲，正開始走貪狼化祿的大運，此後十年就是你最賺錢的時候了，而且你一生應該都很平順，官祿宮是巨門居旺、祿存。在熱鬧、競爭的場所和職業中可賺到很多的錢財，而且辰年有暴發運，在三月份就會有升遷機會和有財祿可進了。』

他急促的問：『要是沒有給我升職怎麼辦呢？』

我說：『三月份有暴發運這個旺運，倘若你們公司還沒有給你升遷，外面一定有好機會會自動找上門來，到時候你就跳槽啦！還可賺更多的錢。』

他問：『真的會有這種機會嗎？說不定我和別人合夥開一家速食專賣店，也會賺很多錢喔?!』

『你在辰年走的是貪狼化祿的運程，將在三月，是大運、流年、流月三度重逢在『武貪格』暴發運之中，會暴發此生最大之暴發運，會有最大的機會來得財，而且會有數百萬元之譜。工作上的順利只是小事一件啦！可是你要注意的是：你是『機月同梁』格的人，最好不要做生意，以免暴起暴落，財富會消失，還是以幫助別人做，來儲存自己的財最好。』

這位朋友命宮中有天機化忌、鈴星，表示他是一個思想活躍、衝動的人。化忌在命宮，表示他的思維路徑和別人不一樣，很可能使自己陷入糾纏的是非之中，因此做生意是不好的。天機坐命的人都是父母宮最好。這位仁兄的父母宮是紫府，可見父母的地位高，在家中掌權，是具有家產的人。他一生所走的運程是三至十二歲走天機陷落運。十三歲至二十二歲走紫府運。二十三歲至三十二歲走太陰陷落化權運。三十三歲至四十二歲走貪狼化祿運（此運正是『武貪格』之暴發運）。四十三歲至五十二歲走巨門居旺、祿存運。

某先生 命盤

官祿宮 (43-52)	僕役宮 (53-62)	遷移宮 (63-72)	疾厄宮
巨門 祿存 右弼 丁巳	廉貞 天相 擎羊 戊午	天梁 己未	七殺 天空 庚申
田宅宮 (33-42) 貪狼化祿 陀羅 丙辰	陽男 金四局		財帛宮 天同 左輔 辛酉
福德宮 (23-32) 太陰化權 乙卯			子女宮 武曲 壬戌
父母宮 (13-22) 紫微 天府 地劫 甲寅	命宮 (3-12) 天機化忌 鈴星 天魁 乙丑	兄弟宮 破軍 甲子	夫妻宮 太陽 癸亥

五十三歲至六十二歲走廉相、擎羊運。六十三歲至七十二歲走天梁居旺運。倘若他是陰年生的人，運程就會起起伏伏，大起大落，就不會如目前這麼圓滿了，這麼容易了。所以說他真正是一個命格不怎樣，但運程真是夠好的人，他會在一生中都平順、波瀾少，但是他本身因為急躁，愛多想、愛計較、愛自我煩惱，自己在煩，所以看不清方向，不知自己的財在那裡了。

第十一章　用流年、流月來賺你的財

用流年、流月來賺你的財。這個題目，我在很多本談財運的書中都再三的談過。用流年、流月來賺自己的財，是每個學習命理的人頭一件感興趣的事，也是每個人必須要學會的事。這樣你才可以很清楚的知道自己在幾歲到幾歲之間的大運中會賺到一生中最多的錢。同時也會知道，自己在十二個地支年中是那幾個年份最好、賺錢最多，手邊的錢財最豐裕。也可以知道自己在那一年會置產，而且房地產留得住。在那些年份會消耗錢財，房地產留不住。

目前你若是正在走好的大運的人，把流年、流月再算準了，再加把勁，打拚一下，就會有更高的成績出來。

目前你若是正在走大運弱運的人，也要把流年、流月算出來，要採取保守一點的姿態，不要亂投資，最好在錢財上只進不出，注意節約資源，少耗財一點，就算是賺了。等到弱運的大運過去了，旺運的大運再來臨，你的起步點的層級也會高一點。

有一位火星坐命的朋友正在走困頓的運程，前來問我，他的財在那裡？何時才會轉好？我們看這位先生目前是四十二歲，正在走破軍、文曲運，這是一個窮運。不論破軍和文曲、破軍和文昌，是同宮，或是破軍和文昌或文曲在對宮相照，都會形成窮困的現象。

這位先生言道，這幾年和朋友合夥做生意賠了錢，又欠了大筆債務，把妻子也拖跨了。

從大運上來看，這位先生要到四十六歲大運走天同運時才會轉好，到五十六歲至六十五歲時走武府運的大運就會十分有錢了，會很富有，此後六十六歲至七十五歲的大運也會多金，主掌財運，因此他是走老運的人。

至於在那一年會真正改善財運，從流年上看來，也是在四十六歲，丙申年的時候，走廉貞居廟運，外界的環境是貪狼化祿時，會真正開始擁有錢財，並還清負債。今年辰年雖然走紫相、陀羅、文昌運，算是很不錯的運程，但這只是壞運、窮運的大運裡一個稍好的運程。表示他今年可安然度過，並不會有多餘的錢財來還債。蛇年他走的是天梁陷落、祿存、天空運，也是一個財來財去的運程。馬年走七殺、擎羊運和羊年走火星居平運就非常辛苦而賺不到什麼錢了。一直要到丙申年猴年才會轉好，這也正和大運的年歲相契合了。

在辰年的一年之中，他會在農曆一月、二月、三月、四月、六月、七月、十月都會比較平順富裕一點。在下半年的八月、九月、十一月、十二月比較困苦一點。這就是流年、流月所推算出來的財運預測了。

這位先生的八字有非常有趣的現象，他的八字是：

戊戌
乙丑
日主：甲午
庚午

這位先生是生於隆冬丑月的甲木之人，四柱支上午戌會火局。有庚金出干，午中藏丁火，主有小富貴，行東南木火運會生旺。喜用神是丁火。採庚金劈甲引丁而助旺。但是這位先生的名字中多水，上下二字全是水，本命是火星坐命又不在旺位的人，又有水來澆息火，自然造成財運不濟的困難了。所以我建議他改名，或者是再取一個名號，長年使用來增旺自己的運氣。

這位先生的職業是賣車的推銷業，這是五行屬於金水的行業，自然也不利火星的本命，所以一直起起伏伏。現在公司改組已賦閒在家了。我告訴他，他的財方在南方和東南方，因此往南部發展會較好。桃園也屬火，也是可去的城市之一。另外，去加油站工作，與石油有關的行業屬火，最近台灣開放民營加油站的經營，有許多工作機會，他是可以有機會升到主管級的位置的。賣車的工作屬金，與本命有點相剋，做起來辛苦會有起伏。但是這位先生覺得自己做賣車這行業已有二十多年的經驗，況且賣進口車的利潤豐厚，不忍放棄。最後決定先往桃園發展，其次考慮再轉向南部。

每一個人在自己的命盤中都可看到自己的財路、財方。也可以看到命運

某先生 命盤

			16-25	
夫妻宮 天梁 祿存 天空 地劫 丁巳	兄弟宮 七殺 擎羊 戊午	命宮 火星 天鉞 己未	父母宮 廉貞 庚申	
子女宮 紫微 天相 陀羅 文昌 丙辰	火六局	陽男	福德宮 鈴星 辛酉	26—35
財帛宮 天機化忌 巨門 乙卯			田宅宮 破軍 文曲 壬戌	36—45
疾厄宮 貪狼化祿 甲寅	遷移宮 太陽 太陰化權 乙丑	僕役宮 武曲 天府 甲子	官祿宮 天同 右弼化科 天馬 癸亥	
76-85	66-75	56-65	46-55	

的走向、人生的轉折。每個人只要能解讀命盤中所提供給你超級的、優良的財運訊息，也注意到不好的人生坑洞的示警訊號，你就可以把握住人生的方向盤，繼續安全的走完你風光明媚的人生旅程。大運、流年、流月在人生的地圖上就是一個明顯的指標，這就像玩一場『大富翁』遊戲一般是非常有趣而值得全神貫注的事情。

每個人的一生都在跟著命運的感覺走。倘若你對命運的感覺力差，又常常茫然不知所措。你的命盤就是你的藏寶圖和錢財的地理指標圖，你只要好好的研究它，便萬無一失了。每一個活著的生命都有自己的財路。生命終結才是財路真正的斷了，所以活著就有財路。敬祝每一位讀者都找到自己的財路，而且更挖掘出蓋世的寶藏出來，富甲一方，留名千古，這就是我寫這本書最興奮的事了。願與讀者共勉之。

紫微命格論健康

法雲居士⊙著

在中國醫藥史上，以五行『金、木、水、火、土』便能辨人病症，
在紫微斗數中更有疾厄宮是顯示人類健康問題的主要窗口，
健康在每個人的人生中是主導奮發力量和生命的資源，
每一種命格都有專屬於自己的生命資源，
所以要看人的健康就不是單單以疾厄宮的內容為憑據了，
而是以整個命格的生命跡象、運程跡象為導向，來做為一個整體的生命資源的架構。
沒生病並不代表身體真正的健康強壯、生命資源豐富。
身體有隱性病灶、殘缺的，在命格中一定有跡象顯現，

健康關係著人生命的氣數和運程的旺弱氣數，
如何調養自身的健康，不但關係著壽命的長短，也關係著運氣的好壞，
想賺錢致富的人，想奮發成功的人，必須先鞏固好自己的優勢、資源，
『紫微命格論健康』就是一本最能幫助你檢驗出健康數據的書。

紫微面相學

《全新修訂版》

法雲居士⊙著

『面相』是一體兩面的事情，
我們可以從一個人的外表來探測其內心世界，
也可從一個人所發生的某些事情來得知此人的命運歷程。
『紫微面相學』更是面相中的楚翹，
在紫微命理裡，命宮主星便顯露了人一切的外在面貌、
精神與內在的善惡、急躁、溫和。

- 『紫微面相學』能從見面的第一印象中，
  立刻探知其人的內在性格、貪念，與心中最在意的事
  與其人的價值觀，並且可以讓你掌握到此人所有的身家資料。
- 『紫微面相學』是一本教你從人的面貌上，
  就能掌握對方性格、喜好，並預知其前途命運的一本書。
- 『紫微面相學』同時也是溫故知新、面對自己、
  改善自己前途命運的一本好書！

用你的運氣來減肥瘦身

法雲居士⊙著

人身邊的運氣有很多種，有好運，也有衰運、壞運。通常大家只喜歡好運，用好運來得到財富和名利。
但通常大家也不知道，所有的運氣都是可用之材。衰運、壞運只是無法得財、得利，有禍端而已，也是有用處的。只要運用得當，即能化險為夷，反敗為勝。並且運用得法，還能減肥、瘦身、養生。

這是一種不必痛，不必麻煩，會自然而然瘦下來的減肥瘦身術，以前減肥失敗的人，應該來試試看！
學會這套方法之後，會讓你的人生全部充滿好運跟希望，所有的衰運也都變成有用的好運了！

樂透密碼

法雲居士⊙著

偏財運的暴發能量＝人的質量×時間^2
（本命帶財）

本書是討論會中樂透彩的人必有其特質，其中包括了『生命財數』與『生命數字』。
能中樂透彩的人必有暴發運，
世界上有三分之一的人有暴發運。
因此能中樂透彩之人必有其數字金鑰和生命密碼。
如何運用這個密碼和金鑰匙打開生命中的最高旺運機會，又將在何時能掌握到這個生命的最高峰，這本『樂透密碼』將會為您解開通往幸運之門的答案！

對你有影響的

羊陀火鈴

法雲居士⊙著

在每一個人的命盤中都會有羊、陀、火、鈴出現，這些星曜其實會根據其本身特質來幫助或影響命格，有加分、減分的作用。羊、陀並不全都不好。火、鈴也有好有壞，端看我們怎麼運用它們的長處，和如何抵制它們的短處，就能平撫羊、陀、火、鈴的刑剋不吉。以及利用它們創造更高層次的人生。

對你有影響的

昌曲左右

法雲居士⊙著

在每個人的命格之中，文昌、文曲、左輔、右弼都佔有重要的位置。昌曲二星不但是主貴之星，也直接影響人的相貌、氣質和聰明度，更會為你的人生帶來不同的變化和創造不同的人生。左輔、右弼是兩顆輔星，助善也助惡，在你的命格中，到底左輔、右弼兩顆星是和吉星同宮還是和凶星同宮呢？到底左右二星有沒有真的幫忙到你的人生呢？

考試你最強

法雲居士⊙著

讓老天爺站在你這邊幫忙你考試

- 老天爺給你一天中的好時間、給你主貴的『陽梁昌祿』格、給你暴發運的好運、給你許許多多零碎的、小的旺運來幫忙你K書、考試。但你仍需有智慧會選邊站，老天爺才會站在你這邊！

如何運用運氣來考試

- 運氣是由許多小的時間點移動的過程所形成的，運用及抓住好的時間點，就能駕馭運氣、讀書、K書就不難了，也更能呼風喚雨，任何考試都手到擒來，考試強強滾！
考試你最強！

紫微姓名學

法雲居士⊙著

『紫微姓名學』是一本有別於坊間出版之姓名學的書，
我們常發覺有很多人的長相和名字不合，
因此讓人印象不深刻，
也有人的名字意義不雅或太輕浮，以致影響了旺運和官運，
以紫微命格為主體所選用的名字，
是最能貼切人的個性和精神的好名字，
當然會使人印象深刻，也最能增加旺運和財運了。
『姓名』是一個人一生中重要的符號和標幟，
也表達了這個人的精神和內心的想望，
為人父母為子女取名字時，就不能不重視這個訊息的傳遞。

法雲居士以紫微命格的觀點為你詳解『姓名學』中，
必須注意的事項，助你找到最適合、助運、旺運的好名字。

如何選取喜用神

(上冊)選取喜用神的方法與步驟
(中冊)日元甲、乙、丙、丁選取喜用神的重點與舉例說明
(下冊)日元戊、己、庚、辛、壬、癸選取喜用神的重點與舉例說明

每一個人不管命好、命壞，都會有一個用神和忌神。
喜用神是人生活在地球上磁場的方位。
喜用神也是所有命理知識的基礎。
及早成功、生活舒適的人，都是生活在喜用神方位的人。
運蹇不順、夭折的人，都是進入忌神死門方位的人。
門向、桌向、床向、財方、吉方、忌方，全來自於喜用神的方位。
用神和忌神是相對的兩極。
一個趨吉，一個是敗地、死門。
兩者都是人類生命中最重要的部份。
你算過無數的命，但是不知道喜用神，還是枉然。
法雲居士特別用簡易明瞭的方式教你選取喜用神的方法，
並且幫助你找出自己大運的方向。

對你有影響的

殺、破、狼

上、下冊

法雲居士⊙著

每一個人的命盤中都有七殺、破軍、貪狼三顆星，在每一個人的命盤格中也都有『殺、破、狼』格局，『殺、破、狼』是人生打拚奮鬥的力量，同時也是人生運氣循環起伏的一種規律性的波動。在你命格中『殺、破、狼』格局的好壞，會決定你人生的成就，也會決定你人生的順利度。

下冊是繼上冊之後，繼續討論『殺、破、狼』在『夫、遷、福』、『父、子、僕』及『兄、疾、田』以及在大運、流年、流月行運之間的問題。『殺、破、狼』格局既是人生活動的軌跡，也是命運上下起伏的規律性波動。但在人生的感情世界中更是一種親疏憂喜的現象。它的變化是既能創造屬於你的新世界，也能毀滅屬於你的美好世界，對人影響至深至遠。因此在人生中要如何把握『殺、破、狼』的特性，就是我們這一生最重要的功課了。

對你有影響的

紫、廉、武

法雲居士⊙著

在每個人的命盤中都有紫微、廉貞、武曲三顆星，同時這三顆星也具有堅強的鐵三角關係，會在三合宮位中三合鼎立著，相互拉扯，關係緊密、共同組織、架構了你的命運。這也同時，紫微、廉貞兩顆官星和武曲一顆財星，也共同主宰了你的命運！當命盤中的紫、廉、武有兩顆以上居旺時，你的人生就會富足的多，也事業順利、有成就。如果有兩顆以上都居平、陷之位時，則你人生中的過程多艱辛、窮困、不太富裕。要看命好不好？就先從你命盤中的這三顆星來分析吧！

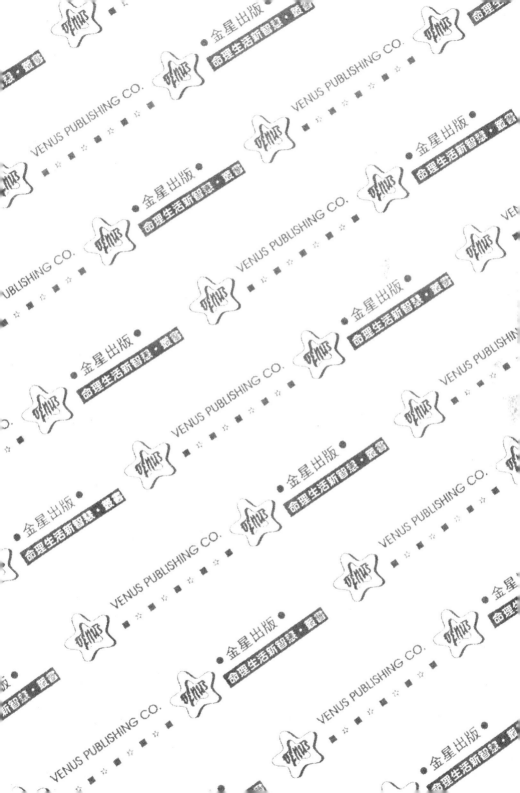